Sandro Heinze

Freihandelsabkommen und ihre Risiken

Wer kann schon etwas gegen freien Handel haben?

Bibliografische Information der Deutschen Nationalbibliothek:

Die Deutsche Nationalbibliothek verzeichnet diese Publikation in der Deutschen Nationalbibliografie; detaillierte bibliografische Daten sind im Internet über http://dnb.d-nb.de abrufbar.

Impressum:

Ein Imprint der GRIN Verlag, Open Publishing GmbH

Druck und Bindung: Books on Demand GmbH, Norderstedt, Germany

Coverbild: GRIN | Freepik.com | Flaticon.com | ei8htz

Inhaltsverzeichnis

Abstract / Zusammenfassung

Der Freihandel ist seit dem Bekanntwerden der Verhandlungen zur Transatlantic Trade and Investment Partnership (TTIP), zum Comprehensive Economic Trade Agreement (CETA) und zum Trans Pacific Partnership Agreement (TPP) ein täglicher Begleiter in den audiovisuellen, digitalen und Druckmedien. Freihandel, so macht man uns glauben, ist vorteilhaft für alle daran Beteiligten und vor allem auch immer für die Konsumenten. Beginnend mit allgemeinen Aspekten im Rahmen der Welthandelsorganisation (WTO) und der gemeinsamen Handelspolitik der EU befasst sich diese Arbeit mit ausgewählten Handelsabkommen der Europäischen Union (EU). Analysiert werden bestehende Handelsabkommen wie die Freihandelsabkommen mit Südkorea, Mittelamerika und Peru/Kolumbien sowie den Wirtschaftspartnerschaftsabkommen (WPAs) mit den ehemaligen europäischen Kolonien in Afrika, der Karibik und im Pazifik (AKP-Staaten). Die Arbeit zeigt, dass die Handelsabkommen der EU keinesfalls für alle Beteiligten als erfolgreich bezeichnet werden können. Diese Arbeit betrachtet die neue Handelsstrategie *Handel für alle - Hin zu einer verantwortungsbewussteren Handels- und Investitionspolitik* der EU-Kommission im Gesamtkontext. Das Ergebnis dieser Arbeit zeigt, dass Freihandel keineswegs nur vorteilhaft ist, weder für die Verbraucher, für Arbeitnehmer, die Umwelt oder gar den Weltfrieden. Auch die Handelsstrategie kann keineswegs als Strategie bezeichnet werden und lässt Aspekte ungeklärt.

Abkürzungsverzeichnis

Art.	Artikel
ASEAN	Association of Southeast Asian NationsArt.
ASP	Allgemeines System der Zollpräferenzen
bzw.	beziehungsweise
BMWi	Bundesministerium für Wirtschaft und Energie
BVMW	Bundesverband mittelständische Wirtschaft
CEPII	Centre d'Etudes Prospecives et d'Informations Internationales
CEPR	Center for Economic and Policy Research
CETA	Comprehensive Economic Trade Agreement
Ebd.	Ebenda
EFSA	European Food Safety Authority
EGF	Europäischer Globalisierungsfonds
EPA	Economic Partnership Agreement
ERT	European Round Table of Industrialists
EU	Europäische Union
EuGH	Europäische Gerichtshof
EUSFTA	European Union-Singapore-Free Trade Agreement
EWR	Europäischer Wirtschaftsraum
f.	folgende Seite, folgender Artikel
ff.	folgende Seiten, folgende Artikel
FHA	Freihandelsabkommen
GATS	General Agreement on Trade in Services
GATT	General Agreement on Tariffs and Trade
GSP	Generalised System of Preferences
Hrsg.	Herausgeber

ILO	International Labour Organisation / Internationale Arbeitsorganisation
ISDS	Investor-State Dispute Settlement / Investor-Staat Streitbeilegungsverfahren
ISA	International Service Agreement
ITO	International Trade Organisation
JEFTA	Japan-EU-Free Trade Agreement
KMU	Kleinstunternehmen, kleine und mittlere Unternehmen
KOREU	Südkorea-European Union
MERCOSUR	Mercado Común del Sur
Mio.	Millionen
Mrd.	Milliarden
NAFTA	North American Free Trade Agreement
ODI	Overseas Development Institute
o. J.	ohne Jahresangabe
o. O.	ohne Ortsangabe
RENICC	Fundación Red Nicaragüense de Comercio Comunitario
S.	Seite
SIA	Sustainability Impact Assessments
TiSA	Trade in Service Agreement
TTPA	Trans Pacific Partnership Agreement
TRIPS	Trade-Related Aspects of Intellectual Property Rights
TTIP	Transatlantic Trade and Investment Partnership
UAbs.	Unterabsatz
Vgl.	Vergleiche

WCED	World Commission on Environment and Development
WPA	Wirtschaftspartnerschaftsabkommen
WTO	World Trade Organisation/Welthandelsorganisation

1 Einleitung

> „The inequities of the global trading system are glossed over in an ideological camouflage – the all-pervasive ideology that under 'free trade' the resources of the world are most efficiently and productively allocated on the basis of comparative or competitive advantages. This is a gross myth. Free trade is a fantasy. There is no evidence that 'free trade' ever existed since the dawn of capitalism."[1]

Frei handeln. Mit jemandem handeln. Mit etwas handeln. Frei im Sinne von zwanglos zwischen unterschiedlichen Möglichkeiten wählen und entscheiden zu können. Frei auch im Sinne einer Entscheidung für oder gegen eine Handlung ohne Beschränkung durch Regeln anderer.

Die Idee zu dieser Thesis entstand in einer Unternehmensführungs-Vorlesung von Professor Ph.D. Alexander Nill im fünften Semester (2014), als es bezüglich der Transatlantic Trade and Investment Partnership (TTIP) darum ging, Ängste um Chlorhühnchen zu nehmen. Ob nun Hühnchen in ein Chlor-Bad getaucht würden oder Deutsche mit Chlor desinfiziertes Trinkwasser[2] konsumieren, spiele doch keine allzu große Rolle. 2014 war die wahrnehmbare Kritik an TTIP bereits sehr groß. Im Rahmen der Volkwirtschaftslehre 2-Vorlesung von Dipl.-Hdl. Josef Kopp im siebten Semester (2015) wurde das Thema für eine Thesis wiederbelebt.

Es stellt sich die Frage, welche komparativen Kostenvorteile ein Land gegenüber einem anderen oder einer ganzen Gruppe haben kann, um darüber einen Handelsvertrag zu schließen. Sind es Kartoffeln für Europa, die in Ägypten angebaut werden, sind es Rosen aus Kenia oder Automobile und Schnittblumen aus Mexiko, die die Wohlfahrtsgewinne generieren sollen? Und wenn ja, zu welchem Preis?

Welchem Zweck, welcher Motivation folgen Freihandelsabkommen, können existierende Freihandelsabkommen als erfolgreich bezeichnet werden? Welche Chancen oder Risiken bergen Freihandelsabkommen.

---

1 Tandon, Yash (2015), S. 2. „Die Ungleichheiten des globalen Handelssystems werden in einer ideologischen Tarnung überragt - die allgegenwärtige Ideologie, die unter "Freihandel" die Ressourcen der Welt am effizientesten und produktiv auf der Basis vergleichender oder wettbewerbsfähiger Vorteile vergeben wird. Das ist ein grober Mythos. Freihandel ist eine Fantasie. Es gibt keinen Beweis dafür, dass der "Freihandel" seit dem Beginn des Kapitalismus existierte."

2 Vgl. Blawat, Katrin (2012).

Die Arbeit gliedert sich in sechs Kapitel. Nach der Einleitung im ersten Kapitel beschäftigt sich das zweite Kapitel mit den allgemeinen Rahmenbedingungen des Freihandels, die sich aus den Abkommen im Rahmen der Welthandelsorganisation (WTO) und ihrer Vorgeschichte begründen. Das dritte Kapitel betrachtet die gemeinsame Handelspolitik der Europäischen Union (EU) und beschreibt Ziele und Instrumente und geht auf die Wichtigkeit des EU-Außenhandels ein.

Kapitel vier widmet sich den Ausprägungen unterschiedlicher Handelsvereinbarung-en der EU mit ihren Handelspartnern. Es soll der Frage nachgegangen werden, ob Handelsabkommen als erfolgreich bezeichnet werden können. Gibt es neben den Befürwortern auch Kritiker, die fragen, ob sich bi-, multi- oder plurilateraler Handel für Wirtschaft und Gesellschaft gleichermaßen lohnt? Zu zeigen ist, wer etwas gegen freien Handel haben kann und warum. Betrachtet werden dabei ausgewählte bestehende Freihandels- und die Wirtschaftspartnerschaftsabkommen der Europäischen Union (EU) mit Ländern Mittel- und Südamerikas, Asiens und den ehemaligen europäischen Kolonien in Afrika, der Karibik und im Pazifik (AKP-Staaten). In die Gesamtbetrachtung fließt auch das Freihandelsabkommen zwischen Mexiko, Kanada und den Vereinigten Staaten von Amerika (North American Free Trade Agreement; NAFTA) ein.

Kapitel fünf betrachtet die aktuelle EU-Kommissions-Strategie *Handel für alle - Hin zu einer verantwortungsbewussteren Handels- und Investitionspolitik* im Gesamtkontext und durchleuchtet diese auf Chancen und Risiken.

Den Abschluss bildet das sechste Kapitel mit Zusammenfassung und Fazit.

2 Allgemeine Rahmenbedingungen von Freihandel

Den Beginn aller folgenden Ausführungen markieren die Veröffentlichung zweier Arbeiten vor etwas mehr als 200 Jahren. Zum einen das *Essay on Profits* (1815) und das Buch *On the Principles of Political Economy and Taxation* (1817).[3]

2.1 Ursprung

Das von David Ricardo im Buch geschaffene Modell setzt gleiche Lohnsätze in den beteiligten zwei Ländern voraus, die jeweils Tuch und Wein produzierten, zudem totale Mobilität der Arbeitskräfte innerhalb eines Landes bei gleichzeitiger Immobilität zwischen den Ländern sowie Vollbeschäftigung. Wechselkursspekulationen gibt es nicht. Transportkosten sind gleich null. Kapital verlässt ein Land nicht. Im Markt herrscht vollkommene Information. Die daraus hervorgegangene Theorie der komparativen Kostenvorteile erweitert die Theorie des absoluten Kostenvorteils von Adam Smith aus dem Jahr 1776 und gilt als Begründung der Freihandelslehre.

Seither wurde dieses Modell mehrfach weiterentwickelt. So zum Beispiel durch das Heckscher-Ohlin-Theorem oder dem Faktorpreisausgleichstheorem.

2.2 International Trade Organisation

Nach dem 2. Weltkrieg gab es Bestrebungen im Rahmen der Breton-Woods-Verhandlungen, die International Trade Organisation (ITO) als Vertretung bei den Vereinten Nationen zu gründen. Sie sollte neben Weltbank und Internationalem Währungsfond eine dritte Institution bilden, die den Handelsbereich der internationalen Wirtschaftskooperation bedienen sollte. 50 Staaten waren an den Verhandlungen beteiligt.[4] Anstelle von Sanktionen, so wollten es zum Beispiel Frankreich und die Benelux-Staaten, sollten Kompensationen als Zwangsmaßnahmen der ITO bei Regelverstößen eingesetzt werden, was die USA und Großbritannien jedoch ablehnten.[5] Letztlich scheiterte die Gründung der ITO an den USA, da der Kongress den Vertrag nicht ratifizierte.

---

3 Ricardo, David (1817).

4 Vgl. World Trade Organisation (o. J.a), S. 1.

5 Vgl. Tandon, Yash (2016), S. 54.

2.3 General Agreement on Tariffs and Trade

Die erhofften Auswirkungen aus dem Freihandel sind in der Präambel des General Agreement on Tariffs and Trade (GATT) aufgezählt. Die erleichterten Handels- und Wirtschaftsbeziehungen sollen den Lebensstandard erhöhen, Vollbeschäftigung verwirklicht werden und insgesamt soll das Realeinkommen steigen.[6]

GATT wurde 1947 im Rahmen der ITO-Verhandlungen von 23 der 50 Staaten mit dem Ziel des Abbaus von Zöllen und anderen Handelshemmnissen verhandelt, um dadurch den gegenseitigen Warenaustausch zu steigern. Zum 01. Januar 1948 wurde das GATT in Kraft gesetzt.

Fortentwickelt wurde es in mehreren sogenannten GATT-Runden mit anfänglichen Einigungen zu weiteren Zollsenkungen, späteren Ergänzungen um die Punkte Antidumping, Subventionen und Ausgleichszöllen, technischen Handelshemmnissen, Einfuhrlizenzen und dem öffentlichen Auftragswesen.

Zu den anfänglich 23 Unterzeichnerstaaten traten bis zum Jahr 1994 105 weitere Staaten dem GATT bei, um ebenfalls an den erhofften Auswirkungen zu partizipieren.

2.4 United Nations Conference on Trade and Development

Das Organ der UN Generalversammlung hat 194 Mitgliederstaaten[7] und wurde 1964 auf Betreiben der Gruppe der 77[8] – einiger nach dem 2. Weltkrieg entkolonialisierten Staaten – gegründet. Themen waren Rohstoffe, Technologietransfer, Handelsbedingungen (Terms of Trade) sowie transnationale Konzerne. Die Entwicklungsländer forderten neue Regeln für den internationalen Handel und eine neue Weltwirtschaftsordnung.[9] In den Staaten, die sich in die Unabhängigkeit be-

---

6 „[...] Recognizing that their relations in the field of trade and economic endeavour should be conducted with a view to raising standards of living, ensuring full employment and a large and steadily growing volume of real income and effective demand, developing the full use of the resources of the world and expanding the production and exchange of goods,

Being desirous of contributing to these objectives by entering into reciprocal and mutually advantageous arrangements directed to the substantial reduction of tariffs and other barriers to trade and to the elimination of discriminatory treatment in international commerce, [...]". Vgl. World Trade Organisation (1999), S. 1.

7 Vgl. United Nations (2016), S.3.

8 Vgl. The Group of 77 at the United Nations (o. J.).

9 Vgl. United Nations Conference On Trade And Development (2006).

gaben, bestanden erhebliche Strukturdefizite dergestalt, dass während der Zeit der Kolonisation Bildung nicht vermittelt wurde, es also kein Know-how und keine ausgebildeten Menschen gab. Die Infrastruktur war schlecht und technologische Kapazitäten waren gering. Die ehemaligen Kolonialstaaten waren lediglich Rohstoffexporteure (z.B. Holz, Kautschuk) in die jeweiligen Länder ihrer Kolonialmächte, fertigten also keine Waren daraus selbst. Die industriellen Fertigwaren (z.B. Möbel, Reifen), die in Europa aus den Rohstoffen erzeugt wurden, gingen als Exporte zurück in die Kolonien.[10]

Die Welthandels- und Entwicklungskonferenz (United Nations Conference on Trade and Development, UNCTAD) verlor an Bedeutung und die Themen wurden nicht von der World Trade Organisation (WTO) weiterverfolgt. Das Kernmandat der UNCTAD besteht heute darin, die wechselseitigen Beziehungen zwischen Handel, wirtschaftlicher Entwicklung und internationaler Wirtschaftshilfe in Entwicklungsländern zu fördern. Die UNCTAD hat eine Beratungs- und Servicefunktion und unterstützt Entwicklungsländer dabei, an den Vorteilen einer globalisierten Wirtschaft fair und effektiv teil zu haben.[11]

Resolutionen der Konferenz haben nur Empfehlungscharakter.

1968 wurde das Allgemeine System der Zollpräferenzen (ASP) oder Generalised Scheme of Preferences (GSP) von der UNCTAD ins Leben gerufen, um es Entwicklungsländern zu ermöglichen, zeitlich begrenzt Meistbegünstigung für Fertigwarenexporte zu erhalten. Für Güter, die Entwicklungsländer ebenso gut und preiswert herstellen können, können Industriestaaten Ausnahmen machen. Reziprozität wurde von ihnen somit nicht verlangt. Mengenbeschränkungen, sogenannte quantitative Selbstbeschränkung für Importe, werden den Entwicklungsländern auferlegt, und anstelle von Zolltarifen schufen die Industrienationen beispielsweise komplizierte Verwaltungsregeln, zu erfüllende Standards und Prüfungsverfahren und Ausfuhrsubventionen.

10 Einen beeindruckenden Einblick in dieses System findet man in Stefan Zweig: Brasilien Ein Land der Zukunft, S. 91 ff.

11 Vgl. United Nations Conference On Trade And Development (o. J.).

2.5 World Trade Organisation

Die Industrienationen bildeten in der UNCTAD ebenfalls eine Gruppe, die – obwohl zahlenmäßig geringer – darauf bestand, über das internationale Handelssystem nur in der WTO zu verhandeln.

Die letzte GATT-Runde in Uruguay endete im April 1994 mit der Vereinbarung zur Errichtung der WTO zum 01. Januar 1995. Es war erforderlich geworden, der Vielzahl von Vertragsparteien eine institutionelle Struktur zu geben und ein neues Streitschlichtungssystem einzurichten. Das GATT 1947 mit den zwischenzeitlichen Änderungen und Ergänzungen aus den vorangegangenen GATT-Runden sowie Vereinbarungen der Uruguay-Runde wurde als GATT 1994 reformiert und dem WTO-Übereinkommen als Anhang 1A beigefügt.

Mit dem Beitritt Afghanistans im Juli 2016 hat die WTO ihr 164. Mitglied.[12] Beobachterstatus haben weitere 21 Staaten.[13] Zudem haben seit Juni 2016 alle Mitglieder der WTO ein regionales Handelsabkommen. Die Mongolei und Japan haben ihr Abkommen bei der WTO gemeldet.[14] Das macht deutlich, dass fast kein Staat mehr existiert, der sich dem weltweiten Handel mit Waren und Dienstleistungen entziehen kann. Das belegen auch die neuesten Zahlen zu den bei der WTO gemeldeten bilateralen oder regionalen Handelsverträgen, deren Gesamtzahl zum Zeitpunkt der Erstellung dieser Arbeit 654 beträgt, von denen 440 in Kraft sind.

Bedeutende Erfolge der WTO in jüngster Zeit waren die Abschaffung von Zöllen für über 200 Technologieprodukte[15] und ein weltweites Freihandelsabkommen.[16]

Um die Transparenz im Handel zu erhöhen, müssen die WTO-Länder ihre nationalen Vorschriften über den Handel bei der WTO melden. Damit soll sichergestellt werden, dass kein Handelspartner von Änderungen überrascht wird."[17]

---

12 Vgl. World Trade Organisation (2016a).

13 Vgl. World Trade Organisation (o. J.b).

14 Vgl. World Trade Organisation (2016b).

15 Vgl. Handelsblatt (2015).

16 Vgl. Süddeutsche (2014).

17 Vgl. Die Bundesregierung (2013).

2.5.1 Die Doha-Entwicklungsrunde

Die erste Welthandelsrunde nach der WTO-Gründung, begonnen im Jahre 2001 in der Hauptstadt des Emirats Katar, galt früh als gescheitert, selbst wenn dies nie offiziell verkündet wurde. WTO-Generaldirektor Pascal Lamy hatte 2006 die kompletten Verhandlungen ausgesetzt.[18] Die WTO-Staaten hatten sich anfänglich darauf verständigt, Handelsbeschränkungen wie Zölle für Industriegüter abzubauen, die Öffnung der Märkte voranzutreiben sowie Barrieren für Dienstleistungen zu beseitigen. Exportsubventionen im Agrarhandel sollten abgeschafft und staatliche Beihilfen reduziert werden. Ebenfalls sollten arme Länder voll in das Welthandelssystem integriert werden und die Hürden, die für ihre – mehrheitlich – Agrarerzeugnisexporte in die Industriestaaten bestanden, sollten beseitigt werden. Zu viele differierende wirtschaftliche und politische Interessen zwischen der Gruppe der Schwellen- und Entwicklungsländer (mit China, Indien und Brasilien an der Spitze) und den Industrienationen (USA, Japan sowie der EU) hatten einen Durchbruch verhindert.[19] Die Verhandlungen wurden im Jahre 2007 erneut aufgenommen, 2008 wiederum abgebrochen.[20] Ende 2015 sprach sich der US-amerikanische Handelsbeauftragte Michael B. Froman für ein endgültiges Ende der Doha-Agenda aus, als er in der Financial Time schrieb: „If global trade is to drive development and prosperity as strongly this century as it did in the previous, we need to write a new chapter for the World Trade Organisation that reflects today's economic realities. It is time for the world to free itself of the strictures of Doha."[21] Doch ist eine Beendigung nur durch einstimmige Zustimmung aller WTO-Staaten möglich, weshalb die Doha-Runde auch weiterhin im Gespräch bleibt.

---

18 Vgl. World Trade Organisation (2006).

19 Auf der Seite des BMWi findet man einen Stand der WTO-Handelsrunde vom Februar 2012 zu den Divergenzen der Verhandlungsparteien.

20 Vgl. Plickert, Philip (2008).

21 Froman, Michael (2015).
„Wenn der globale Handel die Entwicklung und den Wohlstand in diesem Jahrhundert so stark wie in der Vergangenheit treiben will, müssen wir ein neues Kapitel für die Welthandelsorganisation schreiben, das die heutigen wirtschaftlichen Realitäten widerspiegelt. Es ist Zeit für die Welt, sich von den Strikturen von Doha zu befreien."

2.5.2 Prinzipien des GATT

Im Welthandel sollen diverse Grundsätze gelten, die die Mitglieder der WTO festgelegt haben oder wie sie bereits im GATT galten. Wie bereits die Freihandelsziele finden sich auch die wichtigsten Prinzipien in der Präambel des GATT.[22]

Unter dem Prinzip der Nichtdiskriminierung finden sich drei außenhandelspolitische Grundsätze.

Most-favoured-nation (MFN) ist der Grundsatz der Meistbegünstigung und legt fest, dass ein WTO-Mitglied alle Partner im Handel gleich behandeln muss. Wer einem anderen Land bestimmte Vorteile einräumt, muss diese grundsätzlich und ohne Bedingungen allen Partnern einräumen. Die von einem Staat beispielsweise erhobenen Zollsätze, Steuerbelastungen oder Abgaben jeder Art, die den Im- oder Export belasten, sollen bezüglich gleichen oder gleichartigen Produkten gegenüber allen Vertragspartnern bedingungslos die gleiche Höhe haben.

National Treatment ist das Prinzip der Gleichbehandlung unter den Mitgliedstaaten bzw. Inländerbehandlung und schreibt vor, dass ausländische Waren und Dienstleistungen nicht anders behandelt werden dürfen als solche aus dem Inland. Importierte Produkte müssen nach Überschreiten der Grenze genauso behandelt werden wie gleiche oder gleichartige Produkte aus inländischer Herstellung. Es dürfen keine zusätzlichen Steuern oder abweichenden Produktanforderungen gestellt werden. Importierte Waren sind nicht unvorteilhafter zu behandeln als gleichartige Waren inländischen Ursprungs.

Reziprozität ist das Prinzip der Gegenseitigkeit und besagt, dass Staaten, denen von anderen Vertragspartnern handelspolitische Vergünstigungen gegen das Prinzip der Meistbegünstigung eingeräumt werden, gleichwertige Gegenleistungen erbringen sollen. Nur die Entwicklungsländer können davon ausgenommen werden.

Special and differential treatment (S&D) sieht das WTO-Recht als Ausnahmen von diesen Prinzipien vor. Um die Entwicklung der Volkswirtschaften nicht zu gefährden, die nicht den Entwicklungsstand der Industrienationen haben, genießen diese schwächeren Volkswirtschaften spezielle und unterschiedliche Behandlung,

---

[22] „[...] in dem Wunsch, zur Verwirklichung dieser Ziele durch den Abschluss von Vereinbarungen beizutragen, die auf der Grundlage der Gegenseitigkeit und zum gemeinsamen Nutzen auf einen auf einen wesentlichen Abbau der Zölle und anderer Handelsschranken sowie die Beseitigung der Diskriminierung im internationalen Handel abzielen [...]".

was bereits in der Präambel des WTO-Vertrags zum Ausdruck kommt.[23] Viele Bestimmungen der WTO-Verträge konkretisieren diese S&D.[24]

Eine Ausnahme vom Prinzip der Meistbegünstigung und Teil des generalisierten Präferenzsystems (Generalized System of Preferences, GSP) zugunsten von Entwicklungsländern ist die Ermächtigungsklausel (Enabling Clause).[25] Die GATT-Mitgliedstaaten haben das Recht - sind aber nicht verpflichtet -, bestimmten Ländern Handelspräferenzen zu gewähren, ohne diese Präferenzen gemäß dem Meistbegünstigungsprinzip auf alle anderen Handelspartner ausdehnen zu müssen.

Eine weitere Ausnahme vom zwingenden WTO-Recht sind Waiver. Ein bestimmter Mitgliedstaat kann für eine gewisse Dauer von gewissen Pflichten befreit werden.[26]

Ein Waiver kann zum Beispiel Zollerleichterungen zum Gegenstand haben.

2.5.3 General Agreement on Trade in Services

Das Allgemeine Abkommen über den Handel mit Dienstleistungen (GATS) trat am 01. Januar 1995 in Kraft. Dieses multilaterale Handelsabkommen, das an das GATT anschließt, hat die Liberalisierung des weltweiten Handels mit Dienstleistungen zum Ziel. Die WTO-Mitglieder äußern im Abkommen den Wunsch, "sobald wie möglich einen stetig wachsenden Grad an Liberalisierung des Handels mit Dienstleistungen (...) zu erreichen"[27] und damit für mehr Wettbewerb zu sorgen. Ausgeschlossen bleiben von den Liberalisierungsbestrebungen nur solche Dienst-

---

[23] The Parties to this Agreement, [...] **Recognizing** further that there is need for positive efforts designed to ensure that developing countries, and especially the least developed among them, secure a share in the growth in international trade commensurate with the needs of their economic development, [...].

[24] Vgl. World Trade Organisation (o. J.c).

[25] Vgl. World Trade Organisation (o. J.d).

[26] Nach Art. IX Abs. 3 des WTO-Abkommens muss ein sogenannter Waiver zunächst vom Ministerkomitee und dann zusätzlich von drei Vierteln der WTO-Mitgliedstaaten beschlossen werden. Außerdem muss jährlich geprüft werden, ob die Umstände, die zur Genehmigung des Waivers geführt haben, noch vorhanden sind.

[27] Vgl. Bundeskanzleramt Rechtsinformationssystem (2017), S. 2.

leistungen, die in staatlicher Hoheit[28] erbracht werden oder im allgemeinen Interesse liegen.

Die Mitgliedsstaaten hatten vor Inkrafttreten des GATS einmalig die Gelegenheit, einzelne Bereiche in einer Negativliste auszunehmen. Ansonsten basiert GATS auf Positivlisten, die die Sektoren benennen, die in das GATS einbezogen werden. Die Teilnahme am GATS ist freiwillig.

Das GATS trifft eine weitreichende Definition für den Handel mit Dienstleistungen und macht alle Dienstleistungen handelbar.

Es gibt für den Dienstleistungshandel vier Arten, um alle relevanten Aspekte im Großen und Ganzen abzudecken, nach denen mit Dienstleistungen Handel betrieben werden kann.

Modus 1 – grenzüberschreitende Lieferungen – ist der rein grenzüberschreitende Dienstleistungshandel, wie ein Herunterladen von Anwendungsprogrammen bei Microsoft oder Online-Bankgeschäfte mit einer im Ausland ansässigen Bank tätigen. Kunde und Anbieter treten hier nicht persönlich in Kontakt.

Modus 2 – ausländischer Konsum – bedeutet das direkte Kontaktieren des Kunden beim ausländischen Anbieter beispielsweise während eines Workshops, einer Schulungsteilnahme oder nur als Urlaubsreisender.

Modus 3 – Handelsniederlassungen im Ausland – betrifft Direktinvestitionen des Dienstleisters im Land des Konsumenten. So beispielsweise die Gründung einer Zweigniederlassung einer ausländischen Versicherung.

Modus 4 – vorübergehender Ortswechsel natürlicher Personen – umfasst vorübergehende Reisen des Anbieters in das Konsumentenland, um zum Beispiel dort den Workshop abzuhalten, der zur Gestaltung eines Internetauftritts erforderlich ist.[29]

Die Zahlungsbilanz mit allen wichtigen Partnern im Dienstleistungshandel der EU ist positiv. Das Manko der Zahlungsbilanz besteht allerdings darin – von 1995 bis

[28] Artikel 1, Ziffer 3c) GATS: Für die Zwecke dieses Abkommens: [...] bedeutet der Begriff „im Rahmen staatlicher Zuständigkeit erbrachte Dienstleistung" jede Art von Dienstleistung, die weder zu gewerblichen Zwecken noch im Wettbewerb eines oder mehrerer Erbringer von Dienstleistungen erbracht wird.

[29] Vgl. Bundesministerium für Wirtschaftliche Zusammenarbeit und Entwicklung (o. J.), S. 1.

heute –, dass die GATS-Modi nicht auswertbar sind. Modus 1 und 2 werden geschätzt und Statistiken zu Modus 3 und 4 sind weitaus schwieriger zu erhalten.[30]

Ein Problem am GATS ist beispielsweise, dass Bildungseinrichtungen (Universitäten), Gesundheitseinrichtungen (Krankenhäuser) oder Versorger (Wasser, Strom) in öffentlicher aber auch privater Hand betrieben werden und somit bereits Wettbewerb besteht. Dienste im öffentlichen Interesse gelten als ausgenommen. Wegen der Verpflichtung im GATS-Vertrag, „sobald wie möglich einen stetig wachsenden Grad an Liberalisierung des Handels mit Dienstleistungen durch aufeinanderfolgende Runden multilateraler Verhandlungen zu erreichen"[31], werden die geschützten Sektoren früher oder später doch in Frage gestellt werden.

Ein weiteres Problem besteht in der ratched clause. Diese Sperrklinkenklausel verhindert beispielsweise das Rückgängigmachen von Privatisierungen. Eine Rekommunalisierung für den Fall, dass sich herausstellt, die Privatisierung hat nicht die gewünschten Effekte, ist unmöglich. Neuseeland büßte dadurch im Lokalradio das Verbreiten von Lokalnachrichten ein, nachdem die Medienbranche liberalisiert wurde. Die gesetzliche Einführung von Lokalnachrichten-Quoten wurde 2002 von der neuseeländischen Regierung verworfen, nachdem die USA auf die Einhaltung der GATS-Regeln bestand.[32]

2.5.4 Agreement on Trade-Related Aspects of Intellectual Property Rights

Das Übereinkommen über handelsbezogene Aspekte der Rechte des geistigen Eigentums (TRIPS) ist ebenfalls ein multilaterales Handelsabkommen, dem alle WTO-Mitglieder beitreten müssen.[33] Es ist neben GATT und GATS die dritte Säule der WTO. Die Vertragsstaaten sind seit dem Inkrafttreten 1995 verpflichtet, immateriellen Gütern wie Leistungen schöpferischer, künstlerischer und intellektueller Natur einen eigentumsrechtlichen Status zu gewähren und entsprechende Schutzsysteme einzurichten sowie ihre Instrumente zu harmonisieren. Zudem soll es zur Ausdehnung dieses Schutzes auf Innovationen auf allen Gebieten der Technik führen.

---

30 Vgl. Schöllmann, Wilhelm (2015), S. 9.

31 Vgl. Präambel des GATS.

32 Vgl. Shannon, Peter (2005).

33 Weitere Informationen zum TRIPS-Abkommen bei der WTO unter https://www.wto.org/english/thewto_e /whatis_e/tif_e/agrm7_e.htm; Zugriff am 19.06.2017.

Kritik im Zusammenhang mit TRIPS übt unter anderem die Trägerin des alternativen Nobelpreises, Dr. Vandana Shiva. Sie spricht sich dagegen aus, Patente auf Pflanzen und Kräuter zuzulassen. Amerikanische Wissenschaftler bereisen andere Länder und suchen gezielt nach althergebrachten Heilmethoden oder Saaten, die Bauern nutzen und lassen sich beispielsweise Wirkungsweisen patentieren. So gibt es ein Patent auf einen Wirkstoff der Heilpflanze namens *philantis neruri*, der Gelbsucht heilt. Kurkuma heilt Wunden, doch besitzt das Mississippi Medical Center ein Patent. Nestlé hat sich ein besonderes Verfahren zur Reis-Zubereitung patentieren lassen. Exklusive Nutzungsrechte an Medizin, dem Saatgut oder Herstellungsmethoden haben durch die Patente nun Unternehmen außerhalb des Herkunftslandes, und sie lassen sich die Nutzung durch Lizenzvergabe entsprechend bezahlen.[34]

Dr. Shiva nennt das Vorgehen von Firmen wie Monsanto, die Saatgut patentieren lassen und immer teuer werdende Lizenzgebühren verlangen, institutionalisierten Völkermord, da sich in Indien 300.000 Bauern das Leben nahmen, weil sie dieses Geld nicht aufbringen konnten und ihre Existenz vernichtet wurde.[35]

34 Vgl. Shiva, Vandana (2015).

35 Vgl. Shiva, Vandana (2016).

3 Gemeinsame EU-Handelspolitik

Seit Inkrafttreten der Zollunion am 1. Juli 1968, die vor 60 Jahren in den Römischen Verträgen beschlossen wurde (1957), betreibt die Europäische Wirtschaftsgemeinschaft (EWG) eine gemeinsame Handelspolitik gegenüber der restlichen Welt. Seit der letzten Vertragsrevision[36] fallen auch der gesamte Dienstleistungshandel und sämtliche Handelsaspekte geistiger Eigentumsrechte unter die Gemeinschaftskompetenz. Ausschließlich die EU kann hierzu, wie auch für ausländische Direktinvestitionen, Handelsabkommen aushandeln und autonome Maßnahmen beschließen.

3.1 Ziele der gemeinsamen Handelspolitik

Die EU verpflichtet sich in Artikel 3 (5) des Vertrags über die Europäische Union (EUV) in ihren Beziehungen zur übrigen Welt einen Beitrag zu freiem und gerechtem Handel zu leisten[37], flankiert vom Grundsatz einer offenen Marktwirtschaft mit freiem Wettbewerb.[38] Die EU spezifiziert und statuiert die Ziele ihrer Handelspolitik weiter in Artikel 206 des Vertrages über die Arbeitsweise der Europäischen Union (AEUV). „Durch die Schaffung einer Zollunion [...] trägt die Union im gemeinsamen Interesse zur harmonischen Entwicklung des Welthandels, zur schrittweisen Beseitigung der Beschränkungen im internationalen Handelsverkehr und bei den ausländischen Direktinvestitionen sowie zum Abbau der Zollschranken und anderer Schranken bei.“[39]

Die Instrumente, die die EU dabei anwendet, sind restriktiv und in Artikel 207 (1) AEUV niedergeschrieben. So „die Änderung von Zollsätzen, [...] den Abschluss von Zoll- und Handelsabkommen, die den Handel mit Waren und Dienstleistungen betreffen, [...] die Handelsaspekte des geistigen Eigentums, die ausländischen

Direktinvestitionen, die Vereinheitlichung der Liberalisierungsmaßnahmen, die Ausfuhrpolitik sowie die handelspolitischen Schutzmaßnahmen, zum Beispiel im Fall von Dumping und Subventionen. Die gemeinsame Handelspolitik wird im

---

36 Eine Chronologie der Verträge findet sich unter http://www.europarl.europa.eu/germany/de/die-eu-und-ihre-stimme/verträge; Zugriff am 19.06.2017.

37 Vgl. Europäisches Parlament (2009a).

38 Vgl. Europäisches Parlament (2009b).

39 Vgl. Europäisches Parlament (2009c), S. 1.

Rahmen der Grundsätze und Ziele des auswärtigen Handelns der Union gestaltet."[40]

Die Grundsätze und Ziele finden sich in den Artikeln des fünften Titels des EU-Vertrages.[41] Das auswärtige Handeln bestimmt sich durch die Grundsätze Demokratie, Rechtsstaatlichkeit, der universellen Gültigkeit und Unteilbarkeit der Menschenrechte und Grundfreiheiten, die Achtung der Menschenwürde, dem Grundsatz der Gleichheit und dem Grundsatz der Solidarität sowie der Achtung der Grundsätze der Charta der Vereinten Nationen und des Völkerrechts.

Die einzelnen Bereiche des auswärtigen Handelns werden in speziellen Rechtsgrundlagen der Artikel 205 - 222 AEUV weitreichend geregelt. Es besteht daher eine Kohärenz zwischen der gemeinsamen Handelspolitik (Art. 206 f. AEUV), der Entwicklungszusammenarbeit mit Drittländern (Art. 208 ff. AEUV), der Bestimmung zu Einschränkungen des Wirtschaftsverkehrs mit Drittstaaten (Art. 215 AEUV). Die Beziehungen der Union zu internationalen Organisationen und Drittländern regelt Artikel 220 AEUV. Die Union ist unter anderem Wahrer ihrer Werte und grundlegenden Interessen und Förderer von Demokratie, Rechtsstaatlichkeit, Menschen- und Völkerrechts. Armutsbekämpfung, Förderung von Wirtschaft, Gesellschaft und Umwelt in Entwicklungsländern benennt Art. 21 AEUV ebenso wie das Bestreben des Abbaus internationaler Handelshemmnisse sowie Sicherstellung einer nachhaltigen Bewirtschaftung der weltweiten natürlichen Ressourcen.

3.2 Instrumente der EU-Handelspolitik

Mit regulativer Handelspolitik beschränken Staaten Importe und fördern Exporte. Damit greifen Sie erheblich in den internationalen Handel ein. Einfuhrquoten und quantitative Beschränkungen der Ein- und Ausfuhren waren lange Zeit üblich. Quoten und Verbote aber auch Konformitätsbewertungen, diverse Maßnahmen der Politik einführender Länder sowie Produktstandards sorgen jedoch vermehrt für Schwierigkeiten.

3.2.1 Tarifäre Handelshemmnisse

Zölle als tarifäre Hemmnisse sind die klassischen Instrumente der Handelspolitik. Dabei zu unterscheiden sind

40 Vgl. Europäisches Parlament (2009c), S.1 f.

41 Vgl. Europäisches Parlament (2009d).

- Schutzzölle, die heimische Arbeitsplätze sichern sollen;
- Erziehungszölle, die im Aufbau befindliche Industrien schützen sollen, bis diese auf dem Weltmarkt wettbewerbsfähig sind;
- Antidumping und Vergeltungszölle, um den Verkauf von Gütern unter den Herstellungskosten respektive den Verkauf unterhalb des Herstellerpreises im Heimatmarkt zu sanktionieren.

Für drei Viertel der in die EU importierten Waren werden keine oder zumindest ermäßigte Zollsätze erhoben, wobei für Industrieprodukte im Durchschnitt 2,3 % und für alle Waren insgesamt im Durchschnitt 3,6 % erhoben werden. Für agrarische Erzeugnisse werden durchschnittlich 18 % erhoben.[42] Einfuhrzölle, die von den EU-Mitgliedsstaaten 2013 erhoben wurden, betrugen 15,3 Mrd. EUR, beinahe 11 % des damaligen EU-Haushalts.[43] Noch immer finanzieren erhobene Einfuhrzölle der Mitgliedsstaaten - nach Abzug von 25 % Zollerhebungskosten - 13,6 % als traditionelle Eigenmittel[44] den EU-Haushalt.

3.2.2 Nicht-tarifäre Handelsschranken

Ein- bzw. Ausfuhrverbote (Embargos) sollen den Handel mit bestimmten Gütern ganz unterbinden und verhindern, dass nicht wünschenswerte Produkte in ein Land oder aus einem Land gelangen. Diese Verbote können absolute Verbote sein oder Ausnahmen zulassen (Einfuhrbeschränkungen).

Importkontingente sind vom Staat jährlich festgelegte Höchstmengen oder Höchstwerte für Importe, für die er eine entsprechende Anzahl von Importlizenzen ausgibt. Die Menge der importierten Güter lässt sich genauer steuern. Durch Zölle wird zwar der inländische Preis von im Ausland produzierten Gütern zunächst höher. Reagieren die ausländischen Produzenten auf diese Erhöhung jedoch mit Preissenkungen, wird der Effekt der Zollerhebung zum Teil kompensiert, in Extremfällen sogar überkompensiert. Staaten bevorzugen Importkontingente, da sie ihnen einen größeren Verhandlungsspielraum mit den Importeuren geben, denn sie bestimmen, wer eine der Lizenzen erhält. Nachteil gegenüber ei-

---

42 Vgl. Zahrnt, Valentin (2010).

43 Vgl. Europäische Kommission (2014a), S. 3.

44 „Die1970 eingeführten traditionellen Eigenmittel [...] werden von den Wirtschaftsbeteiligten entrichtet. Die Mitgliedstaaten erheben sie im Namen der EU. Die Mitgliedstaaten dürfen 25 % davon für ihre Erhebungskosten einbehalten." Europäische Kommission (2009), S. 262.

nem Zoll ist der Wegfall von Zolleinnahmen. Um dies zu kompensieren, verkauft oder versteigert der Staat die Importlizenzen meistbietend.

Voluntary Export Restraints sind freiwillige Exportbeschränkungen. Eine derartige Vereinbarung zwingt die ausländischen Produzenten, ihre Einfuhr freiwillig zu begrenzen. Vorteil gegenüber Zöllen und Importkontingenten ist, dass das importierende Land die heimischen Produzenten schützt und weiter von Freihandel sprechen kann. Gegenüber Zöllen und Importkontingenten bestehen gravierende Nachteile dergestalt, dass zum einen bei freiwilligen Exportbeschränkungen die Möglichkeit, fiskalische Einnahmen zu generieren, vollständig entfällt. Zudem wird dem einzelnen ausländischen Produzenten ein quasi-monopolistischer Marktzugang für seine freiwillig reduzierte Exportmenge gewährt, so dass für ihn der Anreiz entfällt, durch Preisunterbietungen im Wettbewerb mit anderen Produzenten einen höheren Anteil auf dem Importmarkt zu erlangen.

3.2.3 Regulatorische Handelsschranken

Grenzformalitäten, technische Standards und Normen, Gesundheits- oder Umweltschutzvorschriften oder ähnliche Regelungen können zumeist sachlich begründet sein aber auch willkürlich oder diskriminierend zu Lasten ausländischer Produzenten gehandhabt werden. Müssen deren Produkte beispielsweise spezielle, teure Zulassungsverfahren durchlaufen, von denen einheimische Hersteller befreit sind, werden Prüf- und Verfahrensvorschriften zu Handelsbarrieren.

Verkauft ein Anbieter ein Produkt auf Auslandsmärkten systematisch und nachhaltig zu Preisen, die nicht die Herstellungs- und Transportkosten decken oder deutlich unter dem Inlandspreis liegen, spricht man von Dumping. Die Produzenten decken die Verluste aus den Gewinnen bei anderen Produkten. Gelingt es der ruinösen Konkurrenz den Markt des Importlandes zu erobern, kann das Dumping-Unternehmen den Preis anheben und vorherige Verluste durch Monopolgewinne ausgleichen. Staatliche Exportförderung zur Eroberung von Auslandsmärkten ist ebenfalls Dumping, wobei der Staat die Verluste des Dumping-Unternehmens auf den Auslandsmärkten durch Subventionen aus dem Staatshaushalt ausgleicht.

Der Vorteil von Subventionen gegenüber anderen Formen von nicht-tarifären Handelshemmnissen ist, dass sie den Inlandspreis des betreffenden Gutes nicht erhöhen und somit keine negativen Mengenreaktionen bei den Konsumenten hervorrufen. Die positiven Auswirkungen auf die einheimische Industrie sind dadurch größer. Gleichzeitig müssen die Mittel für die Subventionen in voller Höhe von den Bewohnern des importierenden Staates aufgebracht werden. Diesen Aufwendungen stehen keine fiskalischen Einnahmen gegenüber.

Ebenfalls ein nicht-tarifäres Handelshemmnis stellen Regelungen dar, die einheimische Produzenten bei öffentlichen Ausschreibungen bevorzugen.

3.2.4 Permanente Protektion

Länder dürfen nach den Regeln der WTO zwar grundsätzlich Zölle erheben, sie müssen aber ihre Maximalzölle festlegen, die nicht überschritten werden dürfen. Werden unterhalb der Maximalzölle Zollsätze angehoben, müssen als Ausgleich andere Zölle gesenkt werden.

Staaten verfolgen das Ziel des Schutzes heimischer Industriezweige durch in der WTO gebundene Zölle gemäß der Meistbegünstigungsklausel.

3.2.5 Ad-hoc-Protektion

Im Falle eines starken Importanstiegs bestimmter Produkte kommen sogenannte safeguard measures[45] zur Anwendung sowie Antidumpingmaßnahmen bei ausländischem Dumping in Form von Ausgleichszöllen als Antisubvention bei ausländischer Subvention, wenn also Produkte unter den Inlandspreisen oder Herstellungskosten angeboten werden.

3.2.6 Allgemeines Präferenzsystem

1971 führte die EU auf Basis des GSP das Allgemeine Präferenzsystem (APS) für alle Entwicklungsländer ein. Dadurch erhielten diese Länder bevorzugten Zugang zu den europäischen Märkten. Derzeit genießen 88 Länder mit sehr geringem bis eher niedrigem Einkommen über das APS Vorzug beim Import in die EU.[46]

Die EU bietet den Ländern, die die wichtigsten internationalen Übereinkommen in den Bereichen soziale Rechte, Umweltschutz, verantwortungsvolles Regieren und Bekämpfung der Drogenproduktion und des -handels anerkennen, spezielle Anreize im Rahmen des APS als APS+.

---

[45] Vgl. World Trade Organisation (o. J.e).

[46] Vgl. Europäische Kommission (2016a), S. 14.

Das Everything-But-Arms-Programm (Alles außer Waffen) gewährt 49 der ärmsten Länder zudem zoll- und quotenfreien (duty-free, quota-free; DFQF) Zugang zum europäischen Markt für alle Produkte, ausgenommen Waffen und Munition.[47]

Das von der EU angewandte APS wurde zum 01. Januar 2014 reformiert.[48]

Seit 2014 fallen Länder mit hohem oder gehobenem mittleren Einkommen[49] sowie solche, die durch ein Freihandelsabkommen bevorzugten Zugang zur EU haben, nicht mehr unter die APS-Regelung.

Sollten Einfuhren den EU-Markt behindern, können Zollbegünstigungen mittels einer Schutzklausel vorübergehend ausgesetzt werden. Zudem kann die EU Verletzungen der APS-Regeln sanktionieren, indem Zollpräferenzen vorübergehend zurückgenommen werden können.[50]

Das Präferenzsystem der EU gegenüber den Afrikanischen Staaten hatte seinen Ursprung bereits vor der Errichtung der WTO oder der Unterzeichnung des GATT. Bereits nach dem Unabhängigkeitskrieg 1776 verlor England seine Kolonie Amerika und damit Zugriff auf Roh-Tabak und Baumwolle. Den Fokus legte England sodann auf Afrika. Produkte aus den Kolonien hatten bevorzugten Zugang zu den Märkten beispielsweise nach England, das sich so billig Rohstoffe wie Kaffee und Baumwolle sicherte. Es war den Kolonien nicht möglich, zu möglicherweise höheren Preisen am freien Markt etwa nach Deutschland oder Japan zu exportieren.

Mit der Absicht der Handelsfreiheit in dem Gebiet der heutigen Staaten Demokratische Republik Kongo, Republik Kongo, Uganda, Kenia, Ruanda Burundi, Tansania, Malawi, einen Großteil von Zentralafrika sowie den Süden von Somalia, den Norden von Mosambik, Angola, kleinere Teile von Gabun, Kamerun, Sudan, Äthiopien und Sambia unterzeichneten 14 Staaten die Kongoakte als Schlussdokument der Kongo- bzw. Berliner Konferenz 1884/1885. Afrika war zu diesem Zeitpunkt bereits weitestgehend im Besitz europäischer Länder.[51]

---

47 Europäische Kommission (2016a), S. 14.

48 Vgl. Europäische Kommission (2012).

49 Die Weltbank stuft die Länder in entsprechende Einkommenskategorien ein. So werden Russland, Brasilien, Kuweit und Saudi-Arabien als Länder mit hohem oder gehobenem mittleren Einkommen gelistet.

50 Vgl. Bundesministerium für Wissenschaft, Forschung und Wirtschaft (2014), S. 2.

51 Besetzung der Kaphalbinsel in Südafrika ab 1652 (Niederlande); Besetzung Ägyptens unter Napoleon ab 1800, Algerien ab 1830, Senegal, Westafrika, Sahelzone (Frankreich); Annexion.

3.3 Extra-EU-Handel

Die aktuellste Statistik vom März 2017 für den Extra-EU-Handel, also der EU-Staaten mit Nicht-EU-Staaten, weist aus, dass die EU zu den drei größten Akteuren des Außenhandels zählen. 15 % des weltweiten Warenverkehrs entfallen auf die 28 EU-Staaten. In Zahlen ausgedrückt belief sich der Warenhandel mit der übrigen Welt als Summe aus Extra-EU-Ausfuhren und -Einfuhren 2016 auf 3453 Mrd. EUR und der Außenhandelsüberschuss der EU-28 betrug 38 Mrd. EUR im Jahr 2016 (11 Mrd. EUR im Jahr 2014, 60 Mrd.im Jahr 2015).[52]

von Lagos in Nigeria im Jahr 1861, ab 1870 Zulu-Königreich im südlichen Afrika, das Königreich der Asante in Ghana, das Königreich Benin, Sansibar (Großbritannien); Togo und Kamerun (Deutschland), Kongo (Belgien).

52 Vgl. Eurostat (2017a), S. 6.

4 Handelsvereinbarungen der Europäischen Union

Die EU hat diverse Handelsabkommen vereinbart. Darunter Freihandelsabkommen, Wirtschaftspartnerschaftsabkommen (WPAs) und Abkommen zu vertieften und umfassenden Freihandelszonen (Deep and Comprehensive Free Trade Area, DCFTA).

4.1 Freihandelsabkommen

Es gibt insgesamt 39 Freihandelsabkommen oder Assoziierungsabkommen mit Freihandelskapitel. Mit vierzehn Handelspartnern oder Gemeinschaften befindet sich die EU in (Neu-)Verhandlungen.[53]

In Kraft getreten oder vorläufig in Kraft gesetzt sind die Freihandelsabkommen beziehungsweise Assoziierungsabkommen mit Freihandelskapitel beispielsweise mit Mexiko (seit Oktober 2000), Chile (seit Februar 2003), Südafrika (seit April 2004), Georgien (seit Juli 2016), Südkorea (seit Juli 2011), Peru und Kolumbien (seit März bzw. August 2013), Mittelamerika (seit Mai 2013), der Ukraine (seit Januar 2016), der Republik Moldau (Moldawien) (seit Juli 2016), der Elfenbeinküste (September 2016).

Abgeschlossen, jedoch nicht in Kraft gesetzt, sind Freihandelsabkommen beziehungsweise Assoziierungsabkommen mit Freihandelskapitel beispielsweise mit Armenien, Kanada und Vietnam. Außerdem wurde das ausgehandelte Freihandelsabkommen mit Singapur (EUSFTA) bisher nicht ratifiziert, denn die EU-Kommission hat im Juli 2015 beim Europäische Gerichtshof (EuGH) einen Antrag auf Gutachten nach Art. 218 Abs. 11 AEUV eingereicht[54], um klären zu lassen, ob die Europäische Union über die erforderliche Zuständigkeit verfügt, das Freihandelsabkommen mit Singapur allein zu unterzeichnen und abzuschließen.[55]

Der EU-Kommission liegen zudem Verhandlungsmandate zu umfassenden Freihandelsabkommen für Ägypten, Aserbaidschan, der Association of Southeast Asian Nations (ASEAN-Gruppe), dem Golf-Kooperationsrat, Indien, Japan, Jorda-

---

53 Vgl. World Trade Organisation (2017), S. 2.

54 Vgl. Der Gerichtshof (2017), S. 1.

55 Die Kommission vertritt die Position, dass nur der Rat und das EU-Parlament EUSFTA zustimmen müssen. Dem entgegen argumentieren die EU-Staaten, dass eine Ratifizierung des Vertrags ohne ihre Zustimmung nicht erfolgen kann.

nien, Marokko, dem Mercado Común del Sur (MERCOSUR), Tunesien und den Vereinigten Staaten von Amerika vor.

4.2 Economic Partnership Agreement

Mit den Staaten Afrikas (ohne Ägypten und Libyen), der Karibik und im Pazifik verhandelt die EU Freihandelsabkommen mit Handels- und Entwicklungszielen, die als Economic Partnership Agreements (EPA) oder Wirtschaftspartnerschaftsabkommen (WPA) bezeichnet werden.[56] Das ausverhandelte Abkommen mit dem Caribbean Forum of ACP-States (CARIFORUM)[57] ist im Gegensatz zu allen anderen EPAs ein umfassendes Abkommen, das Investitionen, Dienstleistungen und handelsbezogene Regulierungsfragen wie Öffentliches Beschaffungswesen und Rechte geistigen Eigentums abdeckt. Alle anderen EPAs behandeln nur den Güterhandel und Entwicklungszusammenarbeit. Eine Rendez-vous-Klausel ermöglicht weitere Verhandlungen zu den offenen Themen in den restlichen AKP-Staaten, wobei es keine Zeitschiene für die Verhandlungen gibt.

Die 79 sogenannten AKP-Staaten[58] sind mehrheitlich ehemalige europäische Kolonien und haben seit dem Yaoundé-Abkommen 1963, dem Lomé-Abkommen von 1975[59] und zuletzt dem Cotonou-Abkommen[60] aus dem Jahr 2000 eine Sonderstellung im Handel mit der EU. Ihnen wurde im Rahmen des APS Zugang in den EU-Markt ermöglicht, der Zugang der EU in die Märkte der AKP-Staaten blieb jedoch bislang beschränkt. Die WTO forderte in den 1990er-Jahren dazu auf, diese nicht-reziproken Handelspräferenzen in WTO-konforme Bahnen zu lenken.[61]

---

56 Vgl. Bundesministerium für Wirtschaft und Energie (o. J.), S. 6.

57 Antigua and Barbuda, Bahamas, Barbados, Belize, Dominica, Dominikanische Republik, Grenada, Guyana, Haiti, Jamaika, St Lucia, St Vincent and the Grenadines, St Kitts and Nevis, Suriname, Trinidad and Tobago.

58 The African, Caribbean and Pacific Group of States (ACP) is an organization created by the Georgetown Agreement in 1975. It is composed of 79 African, Caribbean and Pacific states, with all of them, save Cuba, signatories to the Cotonou Agreement, also known as the "ACP-EC Partnership Agreement" which binds them to the European Union. There are 48 countries from Sub-Saharan Africa, 16 from the Caribbean and 15 from the Pacific. Vgl. ACP (2014).

59 Als Folgeabkommen nach dem Beitritt Großbritanniens zur Europäischen Gemeinschaft.

60 Als Lomé-Folgeabkommen, das im Jahr 2000 endete.

61 „The Cariforum EPA and interim agreements also solved a long-running dispute pitting the EU and ACP states against other developing countries who felt the EU favoured ACPs unfairly over other developing countries. Under WTO rules, the EU can apply different trade regimes to other countries either on the basis of objective criteria like the level of development or

Im Cotonou-Abkommen wurde festgelegt, ab September 2002 mit neuen Verhandlungen zwischen den Partnern mit dem Ziel zu beginnen, die bis Ende 2007 vereinbarten Handelspräferenzen durch Wirtschaftspartnerschaftsabkommen zwischen der EU und einzelnen Gruppen von AKP-Ländern zu ersetzen. Einzig die am wenigsten entwickelten Länder[62] (least developed countries; LDC) brauchen keine EPAs abschließen, da sie unter der Everything-But-Arms- Sonderbehandlung des Allgemeinen Präferenzsystems (APS) der EU freien EU-Markzugang genießen. Seit spätestens 2009 gelten auch keine Zölle mehr auf Reis, Bananen und Zucker.

Seit 2009 besteht bereits ein EPA mit dem CARIFORUM, was jedoch bislang nicht ratifiziert wurde. 2009 unterzeichneten vier von elf Staaten des östlichen und südlichen Afrikas (ESA) Interims-Abkommen mit der EU.

Zu drei weiteren Abkommen wurden 2014 die Verhandlungen abgeschlossen: Westafrika[63], Südliches Afrika[64] und der Ostafrikanischen Gemeinschaft (East African Community).[65]

Westafrika (West Africa)

Ghana ratifizierte am 03. August 2016 das am 28. Juli 2016 unterzeichnete EPA, die EU am 01. Dezember 2016. Das EPA befindet sich seit dem 15. Dezember 2016 in vorläufiger Anwendung. Die Elfenbeinküste ratifizierte ein von der EU bereits im März 2009 ratifiziertes EPA am 12. August 2016, das sich seit 03. September 2016 in vorläufiger Anwendung befindet.

through free trade agree-ments. As the Cotonou trade arrangements fulfilled neither of these criteria, other WTO members agreed in 2001 that the EU countries could continue these trade arrangements only until the end of 2007, after which new WTO-compatible deals needed to be in place." European Commission (2010), S. 3 f.

62 Eine Liste der Least Developed Countries ist zu finden in United Nations online unter: www.un.org/en/development/desa/policy/cdp/ldc/ldc_list.pdf; Zugriff am 03.06.2017.

63 Benin, Burkina Faso, Kapverden, Elfenbeinküste, Gambia, Ghana, Guinea, Guinea-Bissau, Liberia, Mali, Niger, Nigeria, Senegal, Sierra Leone, Togo, Mauretanien.

64 Botswana, Lesotho, Mosambik, Namibia, Südafrika, Swasiland; ohne Angola.

65 Burundi, Kenia, Ruanda, Tansania, Uganda.

Zentralafrika[66]

Von den Zentralafrikanischen Ländern hat einzig Kamerun ein EPA mit der EU ratifiziert, das sich seit dem 04. August 2014 in vorläufiger Anwendung befindet.

Östliches und südliches Afrika (Eastern and southern Afrika, ESA)[67]

Seit dem 14. Mai 2012 befindet sich das EPA mit den ESA-Staaten Mauritius, Seychellen, Simbabwe und Madagaskar in vorläufiger Anwendung.

Ostafrika Gemeinschaft (East African Community, EAC)

Kenia und Ruanda haben das EPA unterzeichnet.

Südafrikanische Entwicklungsgemeinschaft (South African Development Community, SADC)

Das EPA befindet sich in vorläufiger Anwendung. Mosambik hat das EPA noch nicht ratifiziert.

Pazifik (Pacific)

Die Fidschi-Inseln haben sich für die vorläufige Anwendung im Juli 2014 entschieden, Papua-Neuguinea haben das EPA bereits 2011 ratifiziert.

Es ist nicht verwunderlich, dass bei der großen Anzahl von Staaten, Interessen und Positionen bisher kein Gesamt-EPA vorgelegt werden konnte. Die AKP-Staaten sowie die EU haben sich verpflichtet, nach den Interimsabkommen echte regionale und umfassende Abkommen auszuhandeln.

4.3 Ausgewählte Abkommen

Die bestehenden Handelsvereinbarungen werden immer wieder kritisiert. An ausgewählten Abkommen sollen die diversen Kritikpunkte erfasst werden.

4.3.1 Wirtschaftspartnerschaftsabkommen mit Afrika

Die handelspolitische Sprecherin der Grünen im EU-Parlament, Ska Keller äußert sich Report Mainz gegenüber: „Die Wirtschaftspartnerschaftsabkommen schaden dem regionalen Handel und lassen den Partnerländern keine Luft, Industrie zu

66 Kamerun, die Zentral Afrikanische Republik, Tschad, Kongo, die Demokratische Republik Kongo, Äquatorial Guinea, Gabun, Sao Tomé and Príncipe.

67 Dschibuti, Eritrea, Äthiopien und Sudan, Malawi, Sambia and Simbabwe, Komoren, Mauritius, Madagaskar und die Seychellen.

entwickeln und Arbeitsplätze zu schaffen, die Menschen aus der Armut holen. Zudem wurde den Entwicklungsländern die Pistole auf die Brust gesetzt – entweder, sie unterzeichnen, oder ihr Marktzugang zur EU wird eingeschränkt. Die EPAs sind das Gegenteil von Entwicklungszusammenarbeit."[68]

Zollpräferenzen sollen nur noch die am wenigsten entwickelten Länder und solche erhalten, die ansonsten keinen präferenziellen Zugang in die EU haben. Über ihre Importpolitik können sie nicht mehr frei bestimmen. Die Staaten Afrikas sollen 80 % ihres Marktes für europäische Güter öffnen, ohne darauf Zölle zu erheben. Handelsschutz seitens der EU besteht nur noch für 20 % aller Produktlinien.

Zölle stellen für viele Länder eine wichtige Einnahmequelle dar, um Entwicklungsprozesse anzustoßen. Bereits 2003 stellte eine Analyse der Weltbank fest, dass in einigen Staaten Sub-Sahara-Afrikas Zölle nahezu ein Viertel der Staatseinnahmen ausmachen.[69] Auch eine Studie des South Center zu Nutzen und Kosten der EPAs aus dem Jahr 2012 ermittelte hohe Einnahmeverluste, sollten Zolleinnahmen durch die EPAs wegfallen.[70] Es wurden beispielsweise für Kamerun Einnahmeverluste von 77 Mio. US-Dollar für das Jahr 2014 berechnet, wenn Kamerun 2014 ein EPA unterzeichnet und insgesamt 230 Mio. US-Dollar jährlich nach Ablauf der Übergangszeit.[71] Verringerte Staatseinnahmen bedeuten, dass Mittel fehlen, um Industrien aufzubauen oder Infrastruktur bereitzustellen. Der angebotene Handelsschutz für 20 % aller Handelsgüter ist nicht ausreichend. Laut South Center-Studie sind die afrikanischen Staaten lediglich bei 15 bis 35 % der Produkte wettbewerbsfähig. Folglich hat die EU gegenüber den afrikanischen Produzenten bei 50 bis 80 % aller Güter einen Wettbewerbsvorteil. Den afrikanischen Staaten droht der Verlust von Marktanteilen in all diesen Industrien. Der Ruin droht tausenden Produzenten, und es kommt zum Verlust von Arbeitsplätzen.[72]

Kenia unterzeichnete erst nach Fristablauf der EU das EPA, nachdem es aus dem APS herausfiel und höhere Steuern gemäß MFN-Regelung entrichten musste. Dies traf vor allem die Blumenindustrie, die dies für drei Monate kompensierte. Wegen der Unterschrift unter das EPA kam Kenia wieder in den Genuss geringerer Steu-

---

68 Presseinformation Report Mainz, S. 2.

69 Vgl. Hinkle Lawrence E., Newfarmer Richard S., S. 26 ff.

70 Vgl. South Center (2012a), S. 4.

71 Vgl. South Center (2013).

72 Vgl. South Center (2014).

ern. Für die kenianische Blumenindustrie bedeutete die Unterschrift 97 Mio. Dollar jährlich an vermiedenen Steuern.[73] Nach Recherchen von Report Mainz hatte die Zollerhebung zu Entlassungen in Kenia geführt. Ein Keniabohnen-Exporteur in Nairobi sagte: „Wir werden unsere Ware nicht mehr los, durch den EU-Zoll ist sie zu teuer. Wir mussten 20 Leute entlassen, andere Exporteure haben das Gleiche getan. Das ist Erpressung. Die EU übt Druck auf uns aus, damit unsere Regierung das Freihandelsabkommen unterschreibt."[74]

Die Liberalisierungsforderungen der EU konterkarieren die Notwendigkeit, eigene Produktionskapazitäten in afrikanischen Ländern aufzubauen und sich in vielen Industriesektoren zu etablieren.[75] Zudem befürchtet der Botschafter Ugandas, dass alle Zugeständnisse der afrikanischen Staaten an die EU auch von den USA gefordert werden könnten. Die Marktöffnung der afrikanischen Staaten würde nicht nur für EU-Produkte, sondern bald darauf auch für US-Produkte zu erlauben sein. Eine verschärfte Konkurrenzsituation bedeutet, dass junge, noch nicht allzu wettbewerbsfähige afrikanische Unternehmen sowohl der europäischen, als auch der US-amerikanischen Konkurrenz schutzlos ausgeliefert wären.[76]

Die Liberalisierungsverpflichtungen der einzelnen EPAs sehen unterschiedliche Übergangsfristen vor. Eine kurze Übergangsfrist gilt beispielsweise für Mosambik. Laut einer Studie des Overseas Development Institute (ODI) aus dem Jahr 2008 werden diese kurzen Übergangszeiten schwerwiegende negative Auswirkungen haben.[77] Drastische Einnahmeverluste durch die zügigen Zollabsenkungen werden erwartet. Zudem werden die einheimischen Güter durch die Importe aus der EU einem starken Wettbewerb ausgesetzt. Es fehlt Zeit, um die Wettbewerbsfähigkeit der Landwirtschaft und der Industrien zu verbessern. Sowohl die ODI als auch das South Center stellen fest, dass die Verhandlungsergebnisse der einzelnen AKP-Staaten vor allem von den Verhandlungskapazitäten der einzelnen Staaten abhängen. Die Staaten mit einer klaren Verhandlungsposition hinsichtlich ihrer Interessen haben deutlich bessere Konditionen ausgehandelt.[78]

---

73 Vgl. Tandon, Yash (2016), S. 130.

74 Presseinformation Report Mainz, S. 1.

75 Vgl. South Center (2012b), S. 20.

76 Vgl. South Center (2014).

77 Vgl. Stevens, Christopher et al. (2008), S. 55-56.

78 Vgl. Stevens, Christopher et al. (2008), S. Xii.

4.3.2 EU-Mexiko

Die EU und Mexiko unterzeichneten 1997 ein Globalabkommen[79] mit dem Ziel, den europäischen Unternehmen in Mexiko dieselben Handelsvorteile zu gewähren, die Mexiko auch den USA und Kanada im Rahmen des NAFTA-Abkommens einräumte. Im Jahr 2000 trat das Abkommen in Kraft. US-Importzölle auf in Mexiko gefertigte Produkte von EU-Firmen sind daher niedriger als bei einem direkten Import aus der EU. Mexiko fungiert als Brücke zum US-amerikanischen und kanadischen Markt und Mexiko hat Freihandelsabkommen mit 45 Ländern und somit zu beinahe zwei Drittel des globalen Bruttoinlandprodukts.[80] [81]

Die EU ist drittwichtigster Handelspartner Mexikos mit rund acht Prozent des gesamten Handelsvolumens hinter der Volksrepublik China mit neun Prozent und den Vereinigten Staaten mit rund 65 %. Der Handel mit Mexiko macht 1,5 % des Gesamtaußenhandels der EU aus (Platz 15). Die jährliche durchschnittliche Wachstumsrate der Exporte zwischen 2011 und 2015 betrug 8,9 % und die EU erzielt weiterhin einen Handelsbilanzüberschuss, und zwar in Höhe von 14,349 Mrd. EUR (2015).

Mexiko exportierte 2015 in die EU Maschinen und Transportmittel (42,5 %), mineralische Brennstoffe (19 %) und andere Industrieerzeugnisse (14,7 %).

Mexiko importierte 2015 aus der EU Maschinen und Transportmittel (50,7 %), chemische Produkte (17,7 %), Fertigerzeugnisse (11,8 %) und andere Industrieerzeugnisse (10,1 %). Der Anteil des Agrarsektors an mexikanischen Exporten in die EU betrug 5,9 % (2015), der Anteil des Agrarsektors an mexikanischen Importen aus der EU lag bei 4,1 % (2015).[82]

Seit 2010, dem Ablauf einer zehnjährigen Übergangsphase, sind 62 % der EU-Exporte nach Mexiko im Agrarsektor komplett liberalisiert (z. B. Weine, Oliven, alkoholische Getränke), die EU erhebt keine Zölle mehr für den Import von Früch-

---

[79] Bestandteil dieses Globalabkommens sind Grundlagen für Entwicklungszusammenarbeit, sowie der politische und wirtschaftliche Dialog. Vgl. Official Journal of the European Communities (2000).

[80] Vgl. Dummer, Niklas (2014).

[81] Vgl. AHK Mexiko Deutsch-Mexikanische Industrie- und Handelskammer (2015).

[82] Vgl. European Commission (2016a).

ten und Gemüse aus Mexiko und die EU gewährt Mexiko Kontingente mit Zollvorteilen auf Bienenhonig, Schnittblumen und Orangensaftkonzentrat.[83]

Dienstleistungsimporte aus Mexiko werden dominiert von Reise- und Transportdienstleistungen, in die andere Richtung sind es hauptsächlich Transport-, Telekommunikations-, Informations- und Computer-Dienstleistungen. Ausländische Direktinvestitionen seitens der EU in Mexiko für das Jahr 2015 betrugen 161,6 Mrd. EUR (Bestände), umgekehrt 36,5 Mrd. EUR (Bestände).[84]

Kleine und Mittlere Unternehmen spielen im bilateralen Handel zwischen Mexiko und der EU keine Rolle und haben auch nicht vom Handelsliberalisierungsprozess profitiert.[85]

Europäischen Unternehmen werden Menschenrechtsverletzungen vorgeworfen. So unter anderem der Siemens AG, die beim Bau von Windparkanlagen in Mexiko geltende Menschenrechtsregeln verletzt haben soll.[86] Dem spanischen Unternehmen Aguas de Barcelona werden unlautere Geschäftspraktiken vorgeworfen. Das erste Joint-Venture im Bereich der Wasserversorgung zwischen Aguas de Barcelona und dem öffentlichen Wasserversorger der Gemeinde Saltillo wurde im September 2001 durch das Globalabkommen möglich. Das europäische Unternehmen konnte sich durch die Liberalisierung und nach einer gewonnenen Ausschreibung als Minderheitsaktionär mit 45 % an öffentlichen Dienstleistungen beteiligen. Anfang 2002 bereits beklagten die Bürger die Übernutzung des Grundwassers, die Verschlechterung der Wasserqualität, unberechtigte Preissteigerungen sowie eine Reduzierung der Sondertarife für Bedürftige. Eine Gesetzesänderung aus dem Jahr 2002 führte dazu, dass säumigen Zahlern das Wasser abgestellt werden konnte. Der Preis für den Netzanschluss stieg im Laufe der Jahre um 300 %, wobei die Inflation insgesamt nur 30 % betrug. Die Vereinigung der Wassernutzer

83 Delegation of the European Union to Mexico (2016).

84 Vgl. Eurostat (2017b).

85 „Bilateral trade between Mexico and the EU is carried out through transactions between large, mainly multi-national, companies while small and medium sized companies – due to their structure, conditions and characteristics - have neither played a relevant role in Mexican export yet, nor have they benefited from the process of trade liberalisation." European Commission (2007): Mexico Country Strategy Paper 2007-2013, S. 50.

86 Vgl. Siemens (2015), S. 3.

von Aguas de Saltillo beklagte die ungerechtfertigte Erhöhung der Wasserpreise zwischen 2002 und 2004.[87] Das verletzt respektive bedroht das Recht auf Wasser.

Zwischen 1991 und 2007, in der Zeit von NAFTA und des Globalabkommens, verlor der Sektor der kleinbäuerlichen mexikanischen Landwirtschaft rund 4,9 Mio. Arbeitsplätze, schaffte jedoch nur rund drei Millionen Stellen für Saisonarbeiter in der Agrarindustrie. Die Zentren dieser Industrie für den Anbau von Blumen, Obst und Gemüse befinden sich in Norden Mexikos, was zu einer enormen Binnenmigration führte. Menschenrechtsorganisationen beklagen prekäre Beschäftigung, so neben Verletzungen des Arbeitsrechts (90 % arbeiten ohne formale Verträge, die Entlohnung ist niedrig) auch Verstöße gegen Kinderrechte (Kinderarbeit) sowie Verletzungen des Rechts auf Gesundheit, weil die Saisonarbeiter den Rückständen von Schädlingsbekämpfungsmitteln ausgesetzt waren.[88]

Die Menschenrechtsklausel des Globalabkommens hat einen begrenzten Anwendungsbereich, denn sie erlaubt bei Gefährdungen oder Verletzungen der sozialen und wirtschaftlichen Rechte in Mexiko, die infolge des Handelsabkommens eintreten, kein Aussetzen der dafür verantwortlichen Bestimmungen.[89]

Nach Abschluss des 7. EU-Mexiko-Gipfels am 12. Juni 2015 ließen Vertreter der EU und Mexikos in einer Pressemitteilung erklären, „auf eine engere und verstärkte strategische Partnerschaft hinzuwirken, mit der das Ziel verfolgt wird, den Wohlstand und das Wohlergehen aller unserer 626 Mio. Bürger zu mehren und unsere Zusammenarbeit zu intensivieren, um der globalen Verantwortung für regionale und globale Fragen von gemeinsamem Interesse gemeinsam gerecht zu werden."[90] Das Globalabkommen soll also auf eine neue Stufe gehoben werden, „den Anwendungsbereich des Abkommens erweitern und eine stärkere wechselseitige Öffnung erreichen, damit das Wachstum unserer Wirtschaft angekurbelt wird, unsere Unternehmen wettbewerbsfähiger werden, neue und bessere Arbeitsplätze entstehen und unsere Verbraucher mehr Auswahl haben."[91]

---

87 Vgl. Beretta, Aldo Rabiela, S. 31.

88 Vgl. Beretta, Aldo Rabiela, S. 15-17.

89 Vgl. Ebd., S. 19-20.

90 Europäischer Rat (2015).

91 Europäische Kommission (2016b).

4.3.3 EU – Mittelamerika

Studieren wir die Prospekte von Aldi, Lidl, Netto, Norma, Penny und Real, sehen wir, welche Produkte von der EU aus Mittelamerika direkt für die Verbraucherinnen und Verbraucher importiert werden: Bananen, Ananas, Kaffee. Zudem exportieren die mittelamerikanischen Länder Zucker, Textilien, Silber, Gold, Palmöl, Fleisch und Garnelen, im Wesentlichen also unverarbeitete Rohstoffe (40-70 %) und Manufakturwaren auf Rohstoffbasis (25 %) und nur ca. 3 % sind High-Tech-Waren. Die EU-Bürger fliegen nach Mittelamerika - vornehmlich Costa Rica - in Urlaub. Costa Rica ist zudem ein Exporteur von High-Tech-Waren und mittlere Technologie (elektronische Schaltungen, Instrumente und Medizinprodukte) mit einem Anteil von 50 %.

Seit 2005 besteht das Freihandelsabkommen CAFTA (Central American Free Trade Agreement) zwischen den USA, Honduras, El Salvador, Guatemala, Nicaragua und Costa Rica. Die EU, die zur Zeit der Verhandlungen des Assoziierungsabkommens die Strategie *Global Europe – Competing in the world* verfolgte, wollte sich ebenso wie mit dem Freihandelsabkommen mit Mexiko wegen NAFTA Zugang zu den Märkten verschaffen. Im Assoziierungsabkommen mit den zentralamerikanischen Staaten geht es um Freihandel, wirtschaftliche Zusammenarbeit, politischen Dialog und Menschenrechte. Es sieht vor, dass Einfuhrzölle für Bananen über einen Zeitraum von zehn Jahren abgebaut werden und Importquoten für Rindfleisch und Reis jährlich um 5 % angehoben werden. Europäische Automobile können zehn Jahre lang zollfrei eingeführt werden. Die EU ist drittwichtigster Handelspartner Mittelamerikas. Seit 2003 hat sich das Handelsvolumen zwischen beiden Regionen verdoppelt und seit 2013 sind die Im- und Exporte nahezu im Gleichgewicht, nachdem die Wachstumsraten in den Jahren nach der Finanzkrise Schwankungen unterlagen.[92]

Eine Untersuchung der Fundación Red Nicaragüense de Comercio Comunitario (RENICC) zu den Auswirkungen von Freihandelsverträgen Mittelamerikas mit den USA einerseits und der EU andererseits aus dem Jahr 2015 nennt diverse Probleme. Dazu zählt, dass die Wettbewerbsfähigkeit der Grundnahrungsmittelproduk-

92 Vgl. RENICC et al. (Hrsg.) (2015), S. 5 ff. Unter dem Titel „Freihandelsverträge und Unternehmensverantwortung" führen seit 2013 14 Organisationen aus ganz Mittelamerika ein jährliches regionales Monitoring durch, das sie durch 14 Fallstudien in drei Themenbereichen Ernährungssouveränität, Investition und Arbeitsplätze sowie Bergbau und Umwelt ergänzt haben.

tion deutlich zurückging. Die Abhängigkeit von Importen zur Lebensmittelverfügbarkeit stieg. Die Region wurde zum Nettoimporteur von Mais, Reis, Weizen und Bohnen. Durch die Exportorientierung fand ein Strukturwandel in der Nahrungsmittelproduktion statt. Land, das vorher den lokalen Markt versorgte, wird zu industriellem Agrarland und die Plantagenwirtschaft dehnt sich aus. Dies ist den Freihandelsverträgen und insbesondere der Senkung der Zölle zuzuschreiben.

In den Freihandelsabkommen mit den USA und dem Abkommen mit der EU existieren Kapitel über den Schutz von Arbeitnehmerrechten. Trotzdem herrschen prekären Arbeitsbedingungen, die Entlohnung der Arbeit ist gering, Arbeitsverträge sind flexibilisiert und der staatliche Arbeitsschutz ist eingeschränkt. Arbeitsschutzgesetze werden vom Staat nicht durchgesetzt, weil dies ausländische Investitionen verhindern könnte. Die RENICC-Untersuchung nennt in einer Fallstudie zu Honduras zum Beispiel das US/koreanische Unternehmen Honduras Electrical Distribution Systems, in dem die Beschäftigten maximal zweimal täglich zur Toilette gehen dürfen, Einwegwindeln ausgegeben werden und Überstunden nicht bezahlt werden. In Costa Rica werden schlechte Arbeitsbedingungen, schlechter Arbeitsschutz, ein schlechtes Entlohnungssystem, das den Mindestlohn umgeht und unbezahlte Überstunden bei den Konzernen Del Monte, Dole und Chiquita benannt. In El Salvador herrscht hoher Kriminalität, staatlicher Willkür sowie Rechtsunsicherheit in der Exekutive, weshalb ausländische Direktinvestitionen ausbleiben.

Der ökonomische Nutzen des Bergbaus in Mittelamerika ist gering. Keine drei Prozent trägt dieser Industriezweig zum Bruttoinlandsprodukt bei. Dafür ist die Landnutzung teilweise extrem hoch. Für Honduras werden 70 % der Landesfläche geschätzt, die zu Erkundungs- und Abbauarbeiten konzessioniert sind. Die Risiken im Bergbau für die Gesundheit der Bevölkerung und im Umweltbereich der Gemeinden hingegen sind sehr hoch. Die Umwelt- und Steuergesetzgebung ist ungenügend, doch werden weiterhin Bergbaukonzessionen erteilt. Teilerfolge erzielte der kommunale Widerstand von 2011 bis 2015 in El Tambor, Guatemala, wo dem US Unternehmen Kappes Kassiday schließlich die Lizenz für ein Bergbauprojekt entzogen wurde. In Nicaragua wurde nach Widerstand der Bevölkerung die Goldabbaulizenz von B2Gold in Rancho Grande im September 2015 entzogen. Sowohl die indigene Bevölkerung als auch die Landbevölkerung wollen existenzielle Bedrohungen ihrer territorialen Rechte verhindern, die die Basis des gemeinsamen Lebens und Wirtschaftens bilden. Einhergehend mit dem Widerstand der Bevölkerung kommt es zu Androhung und Anwendung von Gewalt gegen Aktivisten.[93] So wurde 2016 die honduranische Umweltschützerin Berta Isabel Cáceres Flores, die gegen ein umstrittenes Wasserkraftwerk kämpfte, ermordet.[94]

4.3.4 EU-Peru/Kolumbien/Ecuador

Unter vorläufiger Anwendung ist ein Freihandelsabkommen zwischen der EU und den lateinamerikanischen Staaten Peru (seit März 2013) und Kolumbien (seit August 2013). Ecuador trat dem Handelsübereinkommen im Dezember 2014 bei.[95] Anwendung findet das Abkommen mit Ecuador jedoch solange nicht, bis Peru und Kolumbien dem Beitritt zustimmen.

Die Kommission nannte in einem Highlight-Papier vom 26. Juni 2012 Fakten und Zahlen: für Industrieprodukte und Fischereierzeugnisse sollen EU-Exporteure spätestens zehn Jahre nach Inkrafttretens des Handelsabkommens mindestens 250 Mio. EUR jährlich an Zöllen sparen, nach 17 Jahren zusätzlich 22 Mio. EUR bei landwirtschaftlichen und landwirtschaftlich verarbeiteten Produkten. Somit erwartet die Kommission perspektivisch in Summe 270 Mio. EUR Zolleinsparungen für Unternehmen der EU.

Dabei entfallen 33 Mio. EUR auf Kraftfahrzeuge und -teile, 16 Mio. EUR auf chemische Produkte, 60 Mio. EUR auf die Textilindustrie, 18 Mio. EUR auf Telekommunikationsausstattung und -dienstleistungen, 16 Mio. EUR auf pharmazeutische Produkte.

Für Peru und Kolumbien nimmt die Kommission folgende Zolleinsparungen an:

226 Mio. EUR bei Lebensmittelprodukten und landwirtschaftlichen Produkten, 2,7 Mio. EUR bei Mineralien und Energie, 33 Mio. EUR bei gewerblichen Produkten.

Der bilaterale Handel zwischen der EU und Kolumbien und Peru belief sich 2011 auf 21,1 Mrd. EUR. Im selben Jahr tätigte die EU Ausfuhren nach Kolumbien im Wert von 0,5 Mrd. EUR und Einfuhren aus Kolumbien im Wert von 6,9 Mrd. EUR.

93 Vgl. RENICC et al. (2015).

94 Vgl. Endres, Alexandra (2016).

95 Vgl. European Commission (2014a).

Die EU führte 2011 Waren im Wert von 2,8 Mrd. EUR nach Peru aus, eingeführt wurden Waren aus diesem Land im Wert von 6,4 Mrd. EUR.[96]

Das durchschnittliche jährliche Wachstum der Importe aus Kolumbien im Zeitraum 2012 bis 2016 betrug minus 11 %, jenes der Exporte minus 0,4 %. Die Handelsbilanz der EU mit Kolumbien erreichte 2016 ihr Gleichgewicht, nachdem sie in den Vorjahren durchweg noch negativ war.[97]

Für Peru betrug das jährliche Wachstum der Exporte in die EU im Zeitraum 2012 bis 2016 minus 5,1 %, jenes der Importe aus der EU plus ein Prozent. Die Handelsbilanz für Peru ist positiv.[98] Laut Annahmen der Kommission sollten nach Inkrafttreten des Handelsübereinkommens Exporte Kolumbiens um 63 % und Exporte aus Peru um 50 % steigen.[99]

Der erste Jahresbericht über die Umsetzung des Freihandelsabkommens wurde am 04. Dezember 2014 veröffentlicht. Eine belastbare Aussage zu den Auswirkungen konnte der Bericht, ebenso wie der zweite Jahresbericht vom 10. Februar 2016 nicht liefern. Das liegt vor allem daran, dass Daten zum Handel mit Dienstleistungen und zu den Investitionsströmen noch immer nicht oder nur rudimentär verfügbar sind.[100] Lateinamerika hat mit einem Konjunkturabschwung und dem Verfall der Weltmarktpreise für Rohstoffe zu kämpfen, was sich auch auf den Handel zwischen der EU und Kolumbien sowie Peru auswirkt.[101]

Seit Jahren konfliktär ist nach Angaben der Kampagne „Bergwerk Peru – Reichtum geht, Armut bleibt“ die Situation im Bergbau Perus. Die unter anderem von kirchlichen Werken getragene Kampagne möchte den Zusammenhang von Ausbeutung und Export von Rohstoffen, den damit einhergehende ökologischen Schäden und die damit verbundenen Menschenrechtsverletzungen transparent machen.[102]

---

96 Vgl. Europäische Kommission (2012b).

97 Vgl. European Commission (2017a).

98 Vgl. European Commission (2017b).

99 Vgl. European Commission (2012).

100 Vgl. European Commission (2014b), S. 13.

101 Vgl. European Commission (2016b), S. 12.

102 Vgl. Kampagne "Bergwerk Peru – Reichtum geht, Armut bleibt". (2017).

2012 berichtete das Manager-Magazin über den blutigen Conga-Konflikt im Norden Perus.[103] Es geht um Umweltzerstörung, Gesundheitsprobleme, Kriminalisierung der Bevölkerung wegen Widerstand oder Streiks. Der Oberste Gerichtshof Perus urteilte zuletzt gegen das Bergbauunternehmen Yanacocha, die versuchten, die peruanische Kleinbäuerin Máxima Acuña von ihrem Land zu vertreiben.[104]

Im April 2016 wurden zirka 42.000 Unterschriften in Brüssel übergeben. Dieser Aktion vorausgegangen war eine Petition „Stoppt den tödlichen Handel mit Konfliktmineralien" des europaweiten Bündnisses „Stop Mad Mining", nachdem eine neue EU-Verordnung zur Regulierung von Konfliktmineralien hinter den Erwartungen von Organisationen der Zivilgesellschaft zurückgeblieben war, die am 16. März 2017 vom Europaparlament verabschiedet wurde.[105]

An der Nordküste Perus finden Aktivitäten zur Gewinnung von Agrarenergie (Zuckerrohranbau zur Ethanolgewinnung) statt, was dort das Problem der Wasserknappheit verschlimmert und zu Landverlusten von Kleinbauern und zu Problemen der regionalen Versorgung mit Nahrungsmitteln führt. Im nördlichen Regenwald, zum Beispiel der Region Yurimaguas, erfolgen Großrodungen für Palmölplantagen, was Primärwald zerstört und die Flüsse durch Agrochemikalien vergiftet.[106]

4.3.5 EU – Korea

Wie schwer es ist, ein echtes Freihandelsabkommen zu erzielen, zeigt das Freihandelsabkommen zwischen der Europäischen Union und Südkorea (KOREU). In dieses Freihandelsabkommen wurde eine Schutzklausel aufgenommen. Verhindert werden soll dadurch die Überschwemmung der EU mit bestimmten Produkten, namentlich die massenhafte Einfuhr von koreanischen Kleinwagen der Marken Kia und Hyundai.[107]

---

103 Vgl. Biskamp, Stefan (2012).

104 Vgl. Amnesty International (2017).

105 Vgl. Christliche Initiative Romero (2017.

106 Vgl. *Tarabochia, López Milton (2015).*

107 Vgl. Ludwig, Thomas (2010).

Das Freihandelsabkommen, das laut dem damaligen Handelskommissars Karel de Gucht den Volkswirtschaften beider Seiten bedeutende Vorteile bietet[108], wurde nach fünfjähriger Verhandlungszeit am 01. Juli 2011 in Kraft gesetzt.

Eine erste Zwischenbilanz des FHA wurde im Jahr 2012 nach gut einem Jahr gezogen. Wurde noch bei Inkrafttreten davon ausgegangen, dass der Handel erwartungsgemäß expandieren dürfte[109], lautete die ernüchternde Bilanz, dass zum Beispiel die deutschen Einfuhren aus Südkorea ungewöhnlich stark mit einem Minus von 16,3 % sanken.

Aus südkoreanischer Sicht bilanziert ein Bericht für den Betrachtungszeitraum 2011 bis 2014 eine Vervierfachung des Handelsdefizits mit der EU. Der südkoreanische Agrarsektor leidet an billigen Agrarimporten aus der EU, die Industrie an den Umweltauflagen der EU, das starke Einströmen bestimmter Produkte tangierte spezielle Sektoren der koreanischen Wirtschaft negativ. Auch wurden wachsende nicht-tarifäre Handelshemmnisse seitens der EU beobachtet.[110] Aus Sicht der Europäischen Union und unter außer Acht lassen der Position Südkoreas hingegen ist das FHA ein Erfolg.[111]

So konstatierte es auch Bundeskanzlerin Angela Merkel in ihrer Rede am Tag der deutschen Industrie im Oktober 2016. „(...) Mit allen Handelsabkommen, die wir in der Vergangenheit geschlossen haben, haben wir immer nur gute Erfahrungen gemacht. [...] was haben wir uns im Zusammenhang mit Südkorea für Gedanken gemacht. Heute können wir sagen: 50 % mehr Exporte. Ich höre auch nicht, dass die deutsche Automobilindustrie dabei zugrunde gegangen ist, sondern im Gegenteil. Wir haben durch Handelsabkommen, wenn wir dieses Wagnis eingegangen sind, doch eigentlich immer gewonnen."[112]

Jedes Jahr seit Inkrafttretens des Freihandelsabkommens betrug die Export-Wachstumsrate der EU über 14 % und das Handelsdefizit mit Korea kehrte sich in einen Handelsüberschuss um, wobei dieses Defizit für Korea eines mit Deutsch-

---

108 Europäische Kommission (2011).

109 Europäische Kommission (2011), S. 4.

110 Vgl. Lee, Chang woo (2015), S. 11-12.

111 Europäische Kommission (2016a), S.11.

112 Die Bundesregierung (2016).

land ist, da Deutschland Koreas' größter Handelspartner ist. Importe aus Korea in die EU stiegen zwar ebenfalls, aber nicht in dem Umfang.[113]

Exkurs: North American Free Trade Area

Unter dem damaligen US-Präsidenten Bill Clinton wurde 1994 das North American Free Trade Agreement (NAFTA) zwischen den Vereinigten Staaten von Amerika, Kanada und Mexiko in Kraft gesetzt. Es entstand damit der weltweit größte Binnenmarkt mit 250 Mio. Amerikanern, 90 Mio. Mexikanern und 27 Mio. Kanadiern. Bill Clinton argumentierte seinerzeit für das Freihandelsabkommen unter anderem mit mehr amerikanischen Arbeitsplätzen und Wachstum sowie Entwicklung in Mexiko.[114] Praktisch alle tarifären wie nicht-tarifären Handelsbeschränkungen wurden in den vergangenen zwei Dekaden beseitigt.

Gemäß einer im Februar 2014 veröffentlichten Studie des Center for Economic and Policy Research (CEPR) jedoch verlor Mexiko im Verlauf von 20 Jahren NAFTA in Summe 1,9 Mio. Arbeitsplätze, Löhne stagnierten und die Armut wurde nicht erfolgreich bekämpft.[115]

Bereits 2007 stellte die UNCTAD in seinem Handels- und Entwicklungsbericht fest, dass seit Bestehens des NAFTA bis dahin in Mexiko zwei Millionen Bauern ihre Arbeit verloren. Es wurde erwartet, dass mexikanische Arbeiter letztendlich in produktivere, exportorientierte Sektoren abwandern, doch führte der Preisverfall bei Mais zum Wachstum des illegalen Drogensektors.[116]

„Ende der Neunziger Jahre hat Kanada wegen NAFTA hundert Tausende hoch dotierter Industriearbeitsplätze verloren." schreibt der kanadische Journalist Murray Dobbin.[117] Kanada ist laut einer Studie aus dem Jahr 2015 aufgrund Kapitel 11 des NAFTA-Abkommens, das das Investor-Staat-Streitschlichtungsverfahren regelt, das meist verklagte Land vor Schiedsgerichten (35 Fälle gegenüber 22 gegen Mexiko und 20 gegen die USA).[118] Kanada zahlte in sechs Fällen bis dahin 172

---

113 Vgl. Sabathil, Gerhard Prof. Dr. (2016), S. 6.

114 „First of all, because NAFTA means Jobs, American Jobs and good-paying American jobs. If I didn't believe that, I wouldn't support this agreement.""Presidential Address: Clinton Urges Passage Of Free-Trade Pact.". Vgl. CQ Almanac (2017).

115 Vgl. Weisbrot, Mark; Lefebvre, Stephan; Sammut, Joseph (2014).

116 Vgl. Dube, Oeindrila; García-Ponce, Omar; Thom, Kevin (2015).

117 Vgl. Dobbin, Murray (2015).

118 Sinclair, Scott (2015): NAFTA Chapter 11 Investor-State Disputes to January 1, S. 31.

Mio. kanadische Dollar, Mexiko in fünf Fällen 204 Mio. US-Dollar. Die USA verloren von 20 Fällen bislang nicht einen einzigen. 65 Mio. kanadische Dollar wurden in den letzten 20 Jahren vom kanadischen Staat allein für Verfahrenskosten aufgewendet.

Die USA haben am 17.05.2017 formell mit einem Brief des Handelsbeauftragte der Trump-Regierung, Robert Lighthizeran, dem Kongress eine Neuverhandlung des NAFTA angekündigt. Das Weiße Haus will sich intensiv mit dem Kongress über die Verhandlungspositionen verständigen. Die Gespräche mit Mexiko und Kanada sollen nach Ablauf von mindestens 90 Tagen beginnen.[119]

[119] Vgl. Yu, Roger (2017).

5 Handel für alle

Am 14. Oktober 2015 veröffentlichte die EU-Kommission ihre neue EU Handels- und Investitionsstrategie *Handel für alle.*[120] Viel Beachtung fand die Veröffentlichung in den Medien nicht[121], obwohl der Zweck der Veröffentlichung eine transparentere Handelspolitik für die Menschen der EU sein soll.[122] Die kritischen Auseinandersetzungen der Zivilgesellschaft zu den TTIP- und CETA-Verhandlungen haben zur Revision der vorangegangenen Strategie geführt und stellt TTIP auch ins Zentrum der Strategie.

Die Kommission nennt drei Hauptinitiativen der neuen Strategie: Wirksamkeit, Transparenz und Werte. Die durch Artikel 2 EU-Vertrag fixierten Werte werden ergänzt um Förderung nachhaltiger Entwicklung[123] sowie fairem und ethischem Handel.[124]

5.1 Wirksamkeit

Neue wirtschaftliche Gegebenheiten wie globale Wertschöpfungsketten sollen berücksichtigt werden, dabei sind diese kein neues Phänomen. Wirklich dringlich erscheint die Aktualisierung im Hinblick auf die digitalisierte Wirtschaft. Dem Dienstleistungshandel räumt die Strategie ebenfalls Aufmerksamkeit ein[125], ist dieser doch bereits in der WTO im Rahmen von GATS ein Anliegen der Weltgemeinschaft.

Die Kommission hat erkannt, welche Schlüsselrolle kleine und mittlere Unternehmen (KMU[126]) in der EU einnehmen und schreibt sie in ihre Strategie. Als Rückgrat der regionalen und lokalen Entwicklung und damit für den Zusammen-

---

120 European Commission (2015a).

121 Suchanfragen bei „paperball.de - Die unabhängige Newssuche“ und google.de zu „Trade for all“ oder „neue Handels- und Investitionsstrategie“ ergaben in den Online-Medien wenige bis gar keine Treffer. Lediglich ein Gastbeitrag von Cecilia Malmström in der Frankfurter Rundschau konnte gefunden werden. Alle anderen Treffer betrafen Seiten der EU oder der Bundesregierung.

122 Vgl. Europäische Kommission (2015), Vorwort von Cecilia Malmström.

123 Vgl. Europäische Kommission (2015), S. 24.

124 Ebd., S. 27.

125 58-mal findet sich das Wort „Dienstleistung“ in der „Handel für Alle“-Publikation, sechsmal davon „Handel mit Dienstleistungen“.

126 Die KMU-Definition der EU-Kommission findet sich unter: http://www.ifm-bonn.org/definitionen/kmu-definition-der-eu-kommission/; Zugriff am 19.06.2017.

halt der EU insgesamt von großer Bedeutung, forderte unter anderem BVMW-Präsident Mario Ohoven bereits im März 2015, dass TTIP dem deutschen Mittelstand und nicht nur den Interessen einiger weniger Großkonzerne dienen dürfe.[127] Insgesamt spricht die Kommission von 600.000 KMU und mehr als 6.000.000 Beschäftigten in der Union.

Zudem ist die Kommission für die Intensivierung der Partnerschaft mit den Mitgliedsstaaten, dem Europäischen Parlament und Interessengruppen, um Handels- und Investitionsabkommen besser umzusetzen.

5.1.1 Öffnung neuer Märkte

Die EU ist „ein aktiver wirtschaftlicher und politischer Akteur mit wachsenden regionalen und globalen Interessen und Aufgaben".[128]

Sie verspricht sich von der Öffnung neuer Märkte Wachstum der EU-28-Staaten. Zumindest scheint es, als müsse die EU verlorenes Terrain zurückgewinnen, da die EU der wichtigste Handelspartner von nur noch 59 Ländern (2016) von ehemals 80 Ländern (2013) ist.[129]

Und laut einer Studie des CEPII findet ab 2020 Wirtschaftswachstum zu 90 % außerhalb der EU statt. Weiterhin erwarten die Autoren der Studie, dass China ein Drittel des weltweiten Wirtschaftswachstums bereits ab möglicherweise 2020 auf sich vereint, und dass von 2040 an die Region Sub-Sahara-Afrika jährlich mit einer Wachstumsrate von fünf Prozent wächst und damit dann der dynamischste Wirtschaftsraum sein könnte.[130] Aber nicht nur Wirtschaftswachstum, offene Märkte schaffen auch bessere und mehr Beschäftigung. 31 Mio. Beschäftigungsverhältnisse hängen laut einer Studie von EU Exporten ab; 67 % mehr im Vergleich zum Jahr 1995.[131]

[127] Vgl. Ohoven, Mario (2015).

[128] Vgl. Europäische Kommission (2016a), S. 3.

[129] Die EU erklärte 2013: „Für 80 Länder ist die EU der wichtigste Handelspartner. 2014 und 2016 hieß es: „Für 59 Länder ist die EU der wichtigste Handelspartner. Vgl. Europäische Kommission (2013), Europäische Kommission (2014b), Europäische Kommission (2016a).

[130] Vgl. Fouré, Jean; Bénassy-Quéré, Agnès, Fontagné, Lionel (2012).

[131] Arto I. et al. (2015), S. 17.

5.1.2 Nachhaltige Entwicklung

1987 veröffentlichte die Weltkommission für Umwelt und Entwicklung (World Commission on Environment and Development; WCED) der Vereinten Nationen den Bericht *Our common future*, in dem ein Leitbild zur Nachhaltigen Entwicklung[132] entwickelt wurde. Der nach dem damaligen Vorsitzenden der Kommission benannte Brundtland-Bericht definiert nachhaltige Entwicklung als eine Entwicklung, die die Bedürfnisse der Gegenwart befriedigt, ohne zu riskieren, dass künftige Generationen ihre eigenen Bedürfnisse nicht befriedigen können.[133]

„Die Kommission wird der nachhaltigen Bewirtschaftung und Erhaltung natürlicher Ressourcen (biologische Vielfalt, Boden und Wasser, Wälder und Holzwirtschaft, Fischerei sowie wildlebende Pflanzen und Tiere) sowie der Bekämpfung des Klimawandels in FHA und bei deren Umsetzung noch größere Priorität einräumen."

Kaffeekapseln erfreuen sich bei Verbraucherinnen und Verbrauchern zunehmender Beliebtheit, sie zahlen einen hohen Preis für den Kaffeegenuss und entsorgen die Kapseln im Hausmüll statt diese der Wiederverwertung zuzuführen.[134] Die Kapseln bestehen aus Aluminium, der Rohstoff ist Bauxit, den Bergbaufirmen im Tagebau fördern und dabei die Umwelt zerstören. Dem Bergbau-Unternehmen Messrs Exton Cubic Group Limited wurde in Ghana eine Schürf-Lizenz für Bauxit im Regenwald von Tano Offin unter fragwürdigen Umständen[135] erteilt. Dieser Regenwald steht unter besonderem Schutz wegen der Biodiversität von globaler Bedeutung.

Die Erneuerbare-Energien-Richtlinie der EU von 2008 schreibt Kraftstoffe vor, die mit stetig steigendem Anteil an Biosprit versetzt sind. Die EU importiert dafür

[132] Der Sachse Hans Carl von Carlowitz nannte 1713 erstmals den Begriff Nachhaltigkeit. Verantwortungsvoller und weitsichtiger Umgang mit der Ressource Holz als Ausgleich zwischen Natur und Wirtschaft war ein Aspekt der Sylvicultura oeconomica oder Haußwirthliche Nachricht und Naturmäßige Anweisung zur Wilden Baum-Zucht.

[133] „Humanity has the ability to make development sustainable to ensure that it meets the needs of the present without compromising the ability of future generations to meet their own needs." United Nations (1987), S. 15.

[134] Vgl. *Schorsch, Andrea (2012).*

[135] Vgl. Rettet den Regenwald e. V. (o. J.).

rund drei Million Tonnen Palmöl, 1,1 Mio. Tonnen Rapsöl und 6,2 Mio. Tonnen Sojabohnen.[136]

Die vom Bundesministerium für Wirtschaft und Technologie geförderte Organisation Pure Plant Oil (PPO) stellt auf ihrer Homepage fest, dass „[o]f course there is not enough farming land available either nationally or international for biofuels to solve the problem of future mobility."[137] Dennoch finden sich offenbar immer wieder neue Anbauflächen zum Beispiel in Indonesien.[138] Palmöl importiert auch die Lebensmittelindustrie. Palmöl, nachdem es raffiniert wurde, ist nach einer Studie der European Food Safety Authority (EFSA) gesundheitlich bedenklich.[139] Die bei der der Raffination oder im Lebensmittelverarbeitungsprozess entstehenden Glycidyl-Fettsäureester sind genotoxisch und humankarzinogen. Die Kommission hatte bereits 2014 eine Empfehlung zum Monitoring[140] gegeben sowie eine Kennzeichnungspflicht von Lebensmitteln mittels EU-Verordnung erlassen, doch das jüngste Ergebnis der EFSA-Studie hat bisher zu keinen Konsequenzen für die Lebensmittelindustrie geführt. Einzig in Italien hat die Studie bewirkt, dass die größte Supermarktkette Coop in ihren Eigenprodukten und Barilla in Backwaren auf Palmöl verzichten.[141]

Die im Februar 2017 veröffentlichte Studie mit dem Titel *Menschenrechte als uneingelöstes Versprechen* untersuchte die diversen Handelsvereinbarungen der EU zu den Nachhaltigkeitskapiteln und stellt fest, dass einzig das CARIFORUM-EU-EPA zwei spezielle Kapitel zu Umwelt und sozialen Aspekten (Title IV, Chapter 4 und Chapter 5) enthält, und es das einzige EU-Abkommen ist, dessen Kapitel zu Nachhaltigkeit unter den allgemeinen Streitschlichtungsmechanismus fallen.

Die Nachhaltigkeitskapitel variieren in ihrer Struktur und enthalten einen großen Bestand gemeinsamer Regeln wie Bekenntnisse zu nachhaltiger Entwicklung, internationalen Arbeitsnormen und multilateralen Umweltabkommen. Hinzu kommen eine Nichtabsenkungsklausel, optionale Kooperationsprojekte, offizielle und

---

136 Vgl. Deter, Alfons (2017).

137 „Natürlich gibt es weder national noch international genügend landwirtschaftliche Fläche, die für Biokraftstoffe zur Lösung des Problems der künftigen Mobilität zur Verfügung steht." Vgl. Pur Plant Oil (2013).

138 Vgl. Rettet den Regenwald e. V. (2015), S. 4 ff.

139 Vgl. European Food Safety Authority (2016).

140 Vgl. Amtsblatt der Europäischen Union (2014).

141 Vgl. Welt (2017).

zivil- gesellschaftliche Monitoring-Instanzen sowie ein konsultatives Streitbearbeitungs- statt des sanktionsbewehrten Streitschlichtungsmechanismus. Die Nachhaltigkeitskapitel bestätigen im Großen und Ganzen nur die durch die Ratifizierung von ILO-Konventionen und multilateralen Umweltabkommen bereits eingegangenen Verpflichtungen, schaffen aber kaum neue Verpflichtungen.[142]

Foodwatch e. V. hatte ein Rechtsgutachten zu CETA und TTIP beauftragt, das u. a. zu dem Schluss kommt, „dass mit der spezifischen Berücksichtigung des Vorsorgeprinzips in den beiden Kapiteln über Handel und Arbeit beziehungsweise Handel und Umwelt die mit dem europäischen Vorsorgeprinzip verfolgten Schutzziele keineswegs so umfassend abgedeckt werden, wie dies seinem Anwendungsbereich im europäischen Recht entspricht." Explizit erwähnen die Autoren des Gutachtens, dass die menschliche Gesundheit, der im europäischen Verfassungsrecht höchste Priorität zukomme, „nur ganz beschränkt erfasst wird".[143]

5.2 Transparenz

Eine Transparenzinitiative will die Kommission hinsichtlich aller EU-Handelsverhandlungen starten. Die Verhandlungen zu TTIP, CETA und TiSA waren gekennzeichnet durch Intransparenz. Einige Verhandlungstexte sind bereits auf der Website der Kommission einsehbar, doch wurde Politikern die Einsichtnahme in die Verhandlungstexte erschwert.[144] Erst die TTIP-Leaks[145] von Ende April 2016 brachten wirklich ein Mehr an Transparenz.

Der Öffentlichkeit verspricht die Kommission, indem sie die Verhandlungen transparenter macht, sich leichter in die handelspolitische Entscheidungsfindung einzubringen. Die Verhandlungsmandate, die der Rat der Kommission erteilt, sollen nun vom Rat veröffentlicht werden. Zum Zeitpunkt der Veröffentlichung etwaiger Mandate ist nichts gesagt worden. Das CETA-Verhandlungsmandat, aus dem Jahr 2009, geändert 2011, wurde erst nach dem Beschluss der Aufhebung des Geheimschutzes vom 15. Dezember 2015 veröffentlicht, und zwar nicht vom Rat, sondern von der Kommission.[146] Das Verhandlungsmandat zum EU-Japan Free

---

142 Vgl. Fritz, Thomas (2017), S. 4.

143 Stoll, Peter-Tobias et al. (2016), S. 23.

144 Vgl. Deutscher Bundestag (2016).

145 Vgl. Greenpeace (o. J.).

146 Vgl. Europäischer Rat (2015b).

Trade Agreement (JEFTA), offiziell begonnen am 25. März 2013, ist bisher nicht einsehbar. Dafür allerdings wurden von Greenpeace Netherlands die geleakten Dokumente zu den Geheimverhandlungen veröffentlicht.[147]

5.2.1 Rechtssetzungsverfahren der EU

Die Bürger der Europäischen Union wählen die Abgeordneten ihrer Parlamente, diese ihre Regierungschefs, die wiederum ihre Fachminister bestimmen. Die Minister treffen sich im (Minister-) Rat der Europäischen Union und wählen die Europäische Kommission. Diese besteht aus 28 Kommissionsmitgliedern der jeweiligen EU-Staaten, die dem Europäischen Parlament vorgeschlagen werden. Die Bürgerinnen und Bürger der EU wählen dieses EU-Parlament alle fünf Jahre, womit dieses demokratisch legitimiert ist. Die alleinige Gesetzesinitiative jedoch hat die Kommission, flankiert von zirka 35.000 EU-Beamten, obgleich das EU-Parlament der Kommission Vorschläge für Gesetze unterbreiten kann. Auch kann das Parlament Änderungen an Gesetzesvorlagen der Kommission anregen, die mit Zustimmung von Rat und Kommission gegebenenfalls vorgenommen werden.

Trilog-Verhandlungen[148] führen ebenfalls zu Gesetzen. Einerseits als formelle Trilog-Verhandlungen im ordentlichen Gesetzgebungsverfahren als Vermittlungsausschuss, wenn der Rat den Änderungsvorschlägen des Parlaments aus zweiter Lesung nicht zustimmt.[149] Andererseits, und das ziemlich häufig, als informeller Trilog.

5.2.2 Demokratiedefizit

Einfach ist die direkte Einflussnahme auf die Kommission für den European Round Table of Industrialists (ERT)[150], einer Lobbygruppe, die direkten Kontakt zur Kommission hat. Die Mitwirkungsmöglichkeiten des EU-Parlaments bei Verhandlungen zu Handelsabkommen sind begrenzt. Das Europäische Parlament – gewählt von den Bürgerinnen und Bürgern der EU – hat kein direktes parlamen-

---

147 Vgl. Greenpeace (2017).

148 Unter einem Trilog versteht man paritätisch zusammengesetzte Dreiertreffen zwischen den in den gesetzgebenden Prozess der EU involvierten Institutionen – der Europäischen Kommission, dem Rat der Europäischen Union und dem Europäischen Parlament, wobei die Europäische Kommission eine moderierende Funktion übernimmt.

149 Europäisches Parlament (2009e).

150 Vgl. European Round Table of Industrialists (2017).

tarisches Mitspracherecht bezüglich der Verhandlungen von Handelsabkommen. Die Kommission schlägt dem Rat die Aufnahme von Verhandlungen vor, der dieser dann ein Mandat erteilt und diese dann Verhandlungen im Namen der EU führt. Die Verhandlungen werden flankiert von engen Abstimmungen mit einem vom Rat bestellten Sonderausschuss.[151] Der Lissabon-Vertrag verpflichtet die Kommission in Art. 207, Abs. 3, UAbs. 3 AEUV, das EU-Parlament über die laufenden Verhandlungen zu informieren, und zwar im gleichen Umfang wie den Sonderausschuss, der im Fall von Handelsabkommen der Ausschuss für internationalen Handel (INTA) ist. Von Bedeutung ist jedoch, dass das Europäische Parlament nach Maßgabe des Art. 218 Abs. 6 UAbs. 2 Buchstabe a Nr. v AEUV bei Vertragsschlüssen zustimmen muss, also die Zustimmung zu Handelsabkommen durchaus auch verweigern kann.

Den direkten Einfluss können die Bürgerinnen und Bürger durch einen Beitrag zu einer öffentlichen Konsultation, einer formellen Beschwerde oder durch die europäische Bürgerinitiative nehmen. Eine Bürgerinitiative benötigt die Unterstützung von mindestens einer Million EU-Bürgerinnen und Bürger aus mindestens sieben der 28 Mitgliedstaaten, wobei in jedem dieser sieben Mitgliedstaaten eine Mindestanzahl von Unterstützern erforderlich ist."[152]

Der Bürgerinitiative Stop TTIP, die die erforderlichen Unterschriften gesammelt hatte und diese der EU-Kommission überreichte, wurde 2014 die Registrierung verweigert[153], da die EU-Kommission eine unzulässige Einmischung in die Vorbereitung des TTIP sah. Zweieinhalb Jahre später, im Mai 2017 entschied der EuGH, dass die Nichtzulassung nicht rechtmäßig gewesen war, und die Initiative hätte zugelassen werden müssen.[154]

Der EuGH stellt in einem Gutachten vom 16.Mai 2017 unter anderem fest, dass die Verhandlungen im Rahmen der gemeinsamen Handelspolitik von der EU-Kommission zu großen Teilen allein geführt werden können. Ausländische Inves-

---

151 Der „207er-Ausschuss" hat im Gegensatz zum Recht auf Information ein Recht auf Mitwirkung. „Die Kommission führt diese Verhandlungen im Benehmen mit einem zu ihrer Unterstützung vom Rat bestellten Sonderausschuss und nach Maßgabe der Richtlinien, die ihr der Rat erteilen kann. Die Kommission erstattet dem Sonderausschuss sowie dem Europäischen Parlament regelmäßig Bericht über den Stand der Verhandlungen." Art. 207 Abs. 3, UAbs. 3, 1.Satz AEUV.

152 Vgl. Europäische Kommission (2017a).

153 Vgl. Stop-TTIP (o. J.)

154 Vgl. Gericht der Europäischen Union (2017).

titionen, die nicht ausländische Direktinvestitionen sind sowie Investor-Staat-Streitschlichtung können nicht ohne Zustimmung der Mitgliedsstaaten verhandelt werden.[155]

5.3 Werte

Unter der Hauptinitiative wertebasierte Handels- und Investitionspolitik strebt die Kommission an, auf die Erwartungen der Öffentlichkeit hinsichtlich des Schutzes durch Regulierung und Übernahme einer Führungsrolle bei der weltweiten Reform der Investitionspolitik einzugehen.

Die Kommission will Maßnahmen zur Förderung einer nachhaltigen Entwicklung, des fairen und ethischen Handels ausweiten. Wirklich neu ist die explizite Nennung der Förderung der Menschenrechte. Zudem ist es Ziel, Korruptionsbekämpfung in Handelsabkommen festzuschreiben. Die Handelspolitik „muss die europäischen Werte[156] fördern und verteidigen."[157]

5.3.1 ILO Kernarbeitsnormen

Die Internationale Arbeitsorganisation (ILO) ist zuständig für die Formulierung und Durchsetzung internationaler Arbeits- und Sozialstandards und ist eine Sonderorganisation der Vereinten Nationen. Sie wurde nach dem Ende des ersten Weltkriegs 1919 gegründet[158] und die Mitglieder sind „geleitet sowohl von den Gefühlen der Gerechtigkeit und Menschlichkeit als auch von dem Wunsche, einen dauernden Weltfrieden zu sichern" und durch die Einführung wirklich menschenwürdiger Arbeitsbedingungen durch eine Nation die Bemühungen anderer Nationen um Verbesserung des Loses der Arbeitnehmer in ihren Ländern zu unterstützen.[159]

155 Vgl. Der Gerichtshof (2017).

156 „Die Werte, auf die sich die Union gründet, sind die Achtung der Menschenwürde, Freiheit, Demokratie, Gleichheit, Rechtsstaatlichkeit und die Wahrung der Menschenrechte einschließlich der Rechte der Personen, die Minderheiten angehören. Diese Werte sind allen Mitgliedstaaten in einer Gesellschaft gemeinsam, die sich durch Pluralismus, Nichtdiskriminierung, Toleranz, Gerechtigkeit, Solidarität und die Gleichheit von Frauen und Männern auszeichnet." Europäisches Parlament (2009f).

157 Europäische Kommission (2015), S. 7.

158 Vgl. International Labour Organisation (o. J.a).

159 Vgl. Internationale Labour Organisation (o. J.b), S. 7.

Die weltweit geltenden Mindeststandards sollen die Rechte bei der Arbeit und damit menschenwürdige Arbeit für alle Menschen auf der Welt sicherstellen. „Mit weltweit anerkannten Sozialstandards soll verhindert werden, dass sich einzelne Teilnehmer am internationalen Handel durch Abbau von Arbeitnehmerrechten und Verschlechterung der Arbeitsbedingungen Vorteile verschaffen. Dahinter steht die Idee, dass nur durch eine internationale Vernetzung des sozialpolitischen Regelwerks faire Wettbewerbsbedingungen geschaffen werden können."[160]

138 ILO-Mitgliedsstaaten, darunter Deutschland und die anderen EU-Staaten haben die acht Kernarbeitsnormen ratifiziert, die auf vier Grundprinzipien basieren:

- Vereinigungsfreiheit und Recht auf Kollektivverhandlungen;
- Beseitigung der Zwangsarbeit;
- Abschaffung der Kinderarbeit;
- Verbot der Diskriminierung in Beschäftigung und Beruf.

Diese vier Grundprinzipien schlagen sich in den Kernarbeitsnormen nieder:

- Übereinkommen C 029 - Zwangsarbeit;
- Übereinkommen C 087 - Vereinigungsfreiheit und Schutz des Vereinigungsrechtes;
- Übereinkommen C 098 - Vereinigungsrecht und Recht zu Kollektivverhandlungen;
- Übereinkommen C 100 - Gleichheit des Entgelts;
- Übereinkommen C 105 - Abschaffung der Zwangsarbeit;
- Übereinkommen C 111 - Diskriminierung (Beschäftigung und Beruf);
- Übereinkommen C 138 - Mindestalter;
- Übereinkommen C 182 - Verbot und unverzügliche Maßnahmen zur Beseitigung der schlimmsten Formen der Kinderarbeit.

Die Vereinigen Staaten haben zwei der Kernarbeitsnormen ratifiziert (C105 und C182), Kanada[161] und Mexiko sieben (jeweils außer C 098).

---

[160] Vgl. International Labour Organisation (o. J.c).

[161] Ab 08.Juni 2017 gilt in Kanada auch die Norm über ein Mindestalter für eine entlohnte Beschäftigung (C138). Vgl. International Labour Organisation (o. J.d).

85 der insgesamt 188 Normen inklusive der Kernnormen hat zum Beispiel Deutschland ratifiziert[162], die Vereinigten Staaten von Amerika hingegen nur elf. So gelten in den Vereinigten Staaten keine besonderen Regelungen hinsichtlich Nacht- und Teilzeitarbeit, Schutz von Arbeitnehmern vor Verstrahlung, Lärm und Giftstoffen oder dem Mutterschutz.

Die Kernarbeitsnormen könnten in Verhandlungen zu Handelsabkommen als nicht-tarifäres Handelshemmnis betrachtet werden und die Beseitigung staatlicher Regulierungen oder die Harmonisierung von Arbeitsstandards gefordert werden. Sie könnten den Markteintritt erschweren oder bei Ratifizierungen weiterer Normen neue, den zu erwartenden Gewinn schmälernde Hürden aufbauen. Das Europäische Parlament forderte in einer Entschließung vom 08.Juli 2015 zur TTIP, „sicherzustellen, dass das Kapitel über nachhaltige Entwicklung verbindlich und durchsetzbar ist und auf die umfassende und wirksame Ratifizierung, Umsetzung und Durchsetzung der acht grundlegenden Übereinkommen der Internationalen Arbeitsorganisation (IAO) und deren Inhalt [...] ausgerichtet ist." Weiter fordert das EU-Parlament, „dafür zu sorgen, dass die Arbeits- und Umweltnormen durchsetzbar sind [...] und [...] sicherzustellen, dass in Bezug auf die Umsetzung und die Einhaltung der arbeitsrechtlichen Bestimmungen ein wirksames Überwachungsverfahren [...] zur Anwendung kommt und das für das gesamte Abkommen geltende allgemeine Streitbeilegungsverfahren gilt."[163] Der Vorsitzender des Handelsausschusses des Europaparlaments, Bernd Lange, hat hinsichtlich der Überwachung der Einhaltung der Standards und Sanktionierung bei Verstößen gefordert, „dass sowohl Gewerkschaften wie individuelle

Arbeitnehmer das Recht haben müssten, öffentliche Vorlagen zu einzelnen Streitpunkten zu machen und am Ende auch Handelssanktionen oder Geldbußen ausgesprochen werden müssten."[164]

5.3.2 Menschenrechte

Zum 60. Jahrestag der Allgemeinen Erklärung der Menschenrechte im Jahr 2008 wurde Bilanz gezogen. Mehr als 12 Mio. Menschen weltweit leisteten Zwangsar-

[162] Zu den Gründen für die Nicht-Ratifikation weiterer Übereinkommen. Vgl. International Labour Organisation (o. J.e).

[163] Vgl. Europäisches Parlament (2014).

[164] IG Metall (Hrsg.) (2016), S. 7.

beit oder arbeiteten unter sklavenähnlichen Bedingungen, so in Polen, Rumänien und auch in der Baubranche oder Gastronomie in Deutschland.[165] 2014 berichtete unter anderem das Handelsblatt über menschenunwürdige Arbeitsbedingungen in chinesischen Textilfabriken im italienischen Prato.[166] Und 2017 berichtete die Süddeutsche von Sklavenhaltermethoden in deutschen Schlachthöfen, die per Gesetz gestoppt werden sollen.[167]

Dem zunehmend informierten und kritischen EU-Bürger will die Kommission in ihrer Strategie beim Stichwort Menschenrechte entgegenkommen und diese stärker betonen.[168] Mit Schwerpunkt vor allem auf der Einhaltung der Menschenrechte sowie der Arbeitnehmerrechte, die die Kommission in Form der acht Kernarbeitsnormen als Menschenrechte ansieht[169], sollen Initiativen zur sozialen Verantwortung der Unternehmen gefördert werden und die Sorgfaltsprüfungen in der gesamten Produktionskette verstärkt werden.[170]

Die im Februar 2017 veröffentlichte Studie mit dem Titel *Menschenrechte als uneingelöstes Versprechen* untersuchte die diversen Handelsvereinbarungen der EU und konstatiert, dass die Instrumente – auch ganz aktuelle im CETA – sowohl in ihrem Regelumfang als auch in ihrer praktischen Anwendung enttäuschend sind. Die Menschenrechtsklauseln, von denen es diverse Fassungen seit 1989 gibt, finden kaum und selektiv Anwendung, und noch nie gab es Aussetzung von Handelspräferenzen, wenn Verstöße artikuliert oder festgestellt wurden.[171]

5.4 Beschäftigung

Das Strategiepapier widmet sich in Unterkapitel 2.2.4 den Arbeitnehmern und einem vom freien Handel hervorgerufenen Strukturwandel, der „sich jedoch für

---

165 Vgl. Mast-Kirschning, Ulrike (2008).

166 Vgl. Kort, Katharina (2014).

167 Vgl. Balser, Markus (2017).

168 Vgl. Europäische Kommission (2015), S. 20.

169 „Since 1992 all agreements concluded between the EC and third countries have been required to incorporate a clause defining human rights as a basis element. This clause encompasses also core labour standards as set out in the eight core ILO Conventions." Commission of the European Communities (2001), S. 12.

170 Vgl. Europäische Kommission (2015), S. 22.

171 Vgl. Fritz, Thomas (2017).

einige Regionen und Arbeitnehmer vorübergehend negativ auswirken [kann], wenn sich der neue Wettbewerb für einige Unternehmen als zu scharf erweist."[172]

Zur Beschäftigungssicherung beabsichtigt die Kommission in Handelsverhandlungen angemessene Übergangszeiten vorzusehen, bestimmte Wirtschaftszweige auszunehmen oder auf Zollkontingente und Schutzklauseln zurückzugreifen.[173]

Zu den Veränderungen kann es aber auch gehören, dass man nicht nur umschult, möglicherweise innerhalb des eigenen Heimatstaates in einer anderen Region Arbeit sucht, sondern auch innerhalb der EU einen neuen Lebensmittelpunkt aufbauen muss.[174]

Als Beispiel kann die deutsche Fleischindustrie herangezogen werden, die aufgrund bestehender Freizügigkeit in der EU Arbeitskräfte aus Bulgarien, Polen und Rumänien beschäftigt, deren Arbeitsmärkte verschiedene Lohnniveaus haben. Zunächst traf es die französische Schlachtindustrie[175], danach die deutschen Schlachter. Die migrierten Arbeitnehmer aus den neuen EU-Staaten, die die deutschen Arbeitskräfte ablösten, erhalten – EU-Rechtskonform – den Mindestlohn ihrer Herkunftsländer, es sei denn, sie arbeiten mit Werkverträgen zu noch schlechteren Konditionen und unter prekären Verhältnissen. *Vontobel* nennt es gefährlich, Arbeitsmärkte zwischen Ländern unterschiedlichen Lohnniveaus zu öffnen.[176]

Als Instrument zur Bewältigung von negativen Auswirkungen von freiem Handel auf die Beschäftigung bedienen sich Betroffene des Europäischen Fonds für die Anpassung an die Globalisierung (EGF). Dieser hilft „Arbeitnehmern, wenn sie infolge von Veränderungen des Welthandelsgefüges (z. B. Schließung eines großen Unternehmens oder Verlagerung einer Produktionsstätte außerhalb der EU) ihren Arbeitsplatz verloren haben." [177] 21 Staaten stellten seit seiner Gründung vor zehn Jahren 148 Anträge, um mehr als 140.000 von Massenentlassungen betroffene Arbeitnehmer mit mehr als 600 Mio. EUR zu unterstützen.[178]

---

[172] Europäische Kommission (2015), S. 19.

[173] Ebd., S. 19.

[174] Europäische Kommission (2015), S. 19.

[175] Vgl. Focus Money (2013).

[176] Vontobel, Werner (2015).

[177] Vgl. Europäische Kommission (o. J.a).

[178] Vgl. Europäische Kommission (2017b).

5.5 Auslandsinvestitionen

Für die Kommission sind Investitionen von wesentlicher Bedeutung. Zum einen, weil Investitionen im Ausland europäischen Unternehmen helfen, ihre Wettbewerbsfähigkeit zu verbessern und zum anderen, weil Investitionen aus dem Ausland Arbeitsplätze in der EU schaffen. Nach Aussage der Kommission sind Zuflüsse von Investitionen für 7,3 Mio. Arbeitsplätze in der EU verantwortlich.[179]

Laut *European attractiveness survey 2017* der Prüfungs- und Beratungsorganisation EY stiegen Ausländische Direktinvestitionen in Europa (inkl. Türkei und Russland) 2016 bereits zum vierten Mal in Folge auf ein neues Allzeithoch. Die Anzahl der Investitionsprojekte stieg zum Vorjahr um 15 % auf 5.845. Die dadurch geschaffenen Arbeitsplätze stiegen um 19 % auf 259.673. Nur einmal in den vergangenen 20 Jahren waren noch mehr Arbeitsplätze durch ausländische Direktinvestitionen geschaffen worden: 1997 waren es fast 267.000 gewesen.[180]

Die Direktinvestitionen der EU-Mitgliedstaaten in Ländern außerhalb der EU (Abflüsse) gingen laut Europäischer Statistikbehörde (Eurostat), nach einer Zunahme in den Jahren von 2009 bis 2013, 2014 stark zurück und fielen auf ihr niedrigstes Niveau im Zeitraum von 2009 bis 2014. Hauptursächlich waren Investitionsabbau (Desinvestitionen) vor allem der USA. Die Direktinvestitionen der EU-Mitgliedstaaten sanken auch in Mittelamerika erheblich. Auch die der EU zufließenden Direktinvestitionen gingen 2014 zurück. Auch die Direktinvestitionen aus Südamerika und Asien in der EU schrumpften. Sowohl Zu- als auch Abflüsse hatten 2015 eine höhere Dynamik als 2014. EU-28 Abflüsse wuchsen um 14,9 % (2014: 10 %), Zuflüsse wuchsen um 20,7 % (2014: 15,2 %).[181]

Ein Anliegen der Kommission ist es, durch Handel und Investitionen ein integratives Wachstum in Entwicklungsländern auszulösen.[182] Häufig fehlt in den Entwicklungsländern die Wettbewerbsfähigkeit lokaler Produkte mit Importen. Die Wirtschaftspolitik der EU hat die Geflügelwirtschaft Ghanas bereits zerstört.[183]

---

179 Europäische Kommission (2015), S. 9.

180 Vgl. EY (2017).

181 Vgl. Eurostat (2017c).

182 Vgl. Europäische Kommission (2015), S. 34.

183 Vgl. Göbel, Alexander (2015).

Bereits Maynard J. Keynes vertrat die Meinung, Kapital nicht aus dem Land fließen zu lassen. „I sympathize, therefore, with those who would minimize, rather than with those who would maximize, economic entanglement among nations. Ideas, knowledge, science, hospitality, travel--these are the things which should of their nature be international. But let goods be homespun whenever it is reasonably and conveniently possible, and, above all, let finance be primarily national."[184]

5.6 Investitionsschutz und Schiedsgerichte

1.400 Investitionsschutzabkommen hat allein die EU mit anderen Staaten geschlossen. Weltweit gibt es mehr als 3.200.[185,186]

1959 bot Pakistan der Bundesrepublik Deutschland die Öffnung seiner Märkte an. Es wurde das weltweit erste Investitionsschutzabkommen als Investitionsschutz- und -fördervertrag geschlossen.[187] Investoren werden so völkerrechtlich bezüglich ihrer ausländischen Direktinvestitionen abgesichert. Schützenswert sind beispielsweise Produktionsanlagen für Automobile oder Textilien, die der Investor im ausländischen Vertragsstaat errichtet. Der Investor respektive Produzent soll unter anderem Schutz vor entschädigungsloser Enteignung von Staatswegen geboten werden. Klagen werden jedoch nicht vor ordentlichen nationalen Gerichten, sondern vor Investor-Staat-Schiedsgerichten eingereicht, verhandelt und entschieden, da das Auswärtige Amt intervenieren müsste und nationale ausländische Gerichte möglicherweise unsicher sind[188]. Investitionsschutzabkommen garantieren Rechtssicherheit.

Es war das Bekanntwerden der Klage des Energiekonzerns Vattenfall vor einem internationalen Schiedsgericht, das die Aufmerksamkeit der Öffentlichkeit weck-

---

184 Keynes, Maynard John (1933).
„Ich sympathisiere darum mit denen, die die wirtschaftlichen Verflechtungen zwischen den Nationen nicht maximieren, sondern möglichst gering halten wollen. Ideen, Wissen, Kunst, Gastfreundschaft, Reisen – solche Dinge sind nach ihrem Wesen international. Doch Waren sollten, wann immer es vernünftig und praktisch ist, hausgemacht sein; und vor allem, sollten die Finanzen in erster Linie national sein."

185 Vgl. Europäische Kommission (2015), S. 23.

186 3.328 Investitionsabkommen oder Verträge mit Investitionsbestimmungen sind bekannt, 2.669 sind in Kraft. Vgl. United Nations Conference on Trade and Development (2013).

187 Vgl. International Investment Law Centre Cologne (2017).

188 Das Kapitel 11 des NAFTA-Abkommens beispielsweise wurde aufgenommen, weil mexikanische Gerichte seinerzeit korruptionsanfällig waren und unter politische Einflussnahme standen. Vgl. Sinclair, Scott (2015), S. 30.

te. 4,7 Mrd. Euro soll der deutschen Staat als Entschädigung für entgangene Gewinne wegen des Atomausstiegs zahlen[189], den Bundeskanzlerin Angela Merkel nach der Reaktorkatastrophe 2011 in Fukushima, Japan, bekanntgab. Die Liste der Verfahren vor Schiedsgerichten ist mittlerweile lang. Laut World Investment Report 2016 der UNCTAD sind insgesamt 696 Investor-Staat-Streitschlichtungsverfahren bekannt. Allein 2015 wurden 70 neue Fälle eingereicht.[190] Nur einige Beispiele: Kanada ist 2015 von einem Schiedsgericht zu einer Schadenersatzzahlung von 300 Mio. Dollar verurteilt worden, obwohl das klagende Unternehmen noch gar nicht unternehmerisch tätig geworden war. Ein geplanter Steinbruch in der Bay of Fundy wurde von Bürgern aus Umweltschutzgründen abgelehnt und nicht realisiert. Es ging um entgangene Gewinne[191], dem Verlust von Einnahmen und Geschäftschancen.

El Salvador wurde 2009 von der kanadischen Firma Pacific Rim auf 301 Mio. US-Dollar verklagt, weil diese trotz Erlaubnis nicht nach Gold schürfen durften, nachdem der damalige Staatspräsident ein Abbauverbot von Bodenschätzen nach einer Wasserkrise verhängte. 77 der 301 Mio. US-Dollar stellen die Rückerstattung geleisteter Investitionen und Ausgaben dar. 234 Mio. US-Dollar sind Schadenersatzansprüche aus entgangenem zukünftigen Gewinn.[192]

Die Bundesrepublik Deutschland hatte bereits von 2012 bis 2015 wegen des Investor-State Dispute Settlement (ISDS) mit Vattenfall 4,1 Mio. EUR für die juristische Auseinandersetzung aus der Staatskasse ausgegeben.[193] El Salvador zahlte bis 2015 sechs Millionen US-Dollar an Prozesskosten. Diese beispielhaften Beträge und die Schadenersatzsummen stehen für Investitionen in Infrastruktur oder Bildung nicht mehr zur Verfügung.

An die Stelle aller in EU-Handelsabkommen vorgesehenen Streitbeilegungssysteme für Investitionsstreitigkeiten soll ein Investitionsgerichtshof treten.[194]

---

189 Vgl. TAZ. Die Tageszeitung (2014).

190 United Nations Conference on Trade and Development (2016), S. 1.

191 Vgl. McLeod, Paul (2015).

192 Vgl. Mühlbauer, Peter (2015).

193 Vgl. Neuerer, Dietmar (2015).

194 Europäische Kommission (2015), S. 23 f.

5.7 Dienstleitungen

Zu den internationalen Dienstleistungen zählen neben dem direkten Export die Erbringung von Leistungen im Ausland, Kooperationen und Joint Ventures mit lokalen Unternehmen oder die Gründung einer eigenen Niederlassung im Ausland aber auch die Zusammenarbeit der Dienstleister im Verbund mit Industrieunternehmen.[195]

Für europäische Dienstleistungsunternehmen ist es eine Notwendigkeit international zu agieren, weil auch ihre internationalen Kunden mobiler geworden sind. Im Sinne einer Kundenzentrierung ist es erforderlich, den Partnern aus der Industrie auf Auslandsmärkte zu folgen. So können Geschäftschancen auch im Ausland genutzt werden. Um die weltweite Wettbewerbsfähigkeit zu erhöhen und sich in homogeneren Märkten zu differenzieren oder sich an individuelle Kundenbedürfnisse anzupassen, haben Dienstleistungen (wissensbasiert und vor allem produktnah) die besten Exportchancen. Gefragt sind industrienahe Dienstleistungen, Dienstleistungen im Ingenieur-, Beratungs- oder Planungsbereich sowie personenbezogene Dienstleistungen im Bildungs-, Gesundheits- oder Pflegebereich. Marktpotenzial für Dienstleister findet sich auf öffentlichen Märkten bei der Beschaffung von Waren und Leistungen (zum Beispiel Unterstützung im IT-Bereich, Unternehmensberatung, Reinigungsdienste, Dienstleistungen von Reisebüros, Werbeleistungen).

5.7.1 Dienstleistungshandel

Erheblichen Raum nimmt der Bereich Dienstleistungshandel in der Strategie ein, und „die Kommission wird sich vordringlich mit dem Handel mit Dienstleistungen beschäftigen und in allen Handelsverhandlungen ehrgeizige Ergebnisse anstreben."[196] „Dienstleistungen spielen eine besondere Rolle in Bezug auf die Integration der EU in globale Lieferketten und die Sicherung von Arbeitsplätzen in Europa."[197] „Handelsabkommen werden keine Verpflichtung der Staaten zur Privatisierung irgendwelcher Dienstleistungen enthalten und einer Ausweitung des Spekt-

195 iXPOS. Das Aussenwirtschaftsportal, S. 1.

196 Europäische Kommission (2015), S. 13.

197 Europäische Kommission (2015)' S. 7.

rums der Dienstleistungen, die der Staat der Öffentlichkeit anbietet, nicht entgegenstehen."[198]

5.7.2 Trade in Service Agreement

Da die multilateralen Verhandlungen auf der Ebene der WTO aufgrund des Stillstands der Doha-Entwicklungsrunde keine Fortschritte für weitere Verhandlungen zum Dienstleistungshandel haben erwarten lassen, wurde das Vorhaben eines plurilateralen Dienstleistungsabkommens mit dem Namen International Service Agreement (ISA) in einer Interessengemeinschaft aus 16[199] WTO-Mitgliedern 2011 lanciert. Die EU stand dem ISA skeptisch gegenüber.[200] Schlussendlich finden seit 2013 formelle Gespräche zu einem Abkommen über den Handel mit Dienstleistungen (TiSA) unter 23 WTO-Mitgliedern statt.[201]

Ein fünfseitiges Mandat für die Verhandlungen zu TiSA liegt der Kommission seit 2013 vor.[202] Demgegenüber hat das Europäische Parlament im Februar 2016 eine 22-seitige Empfehlung zu den TiSA-Verhandlungen an die Kommission ausgesprochen.[203]

Die TiSA-Verhandlungspartner sprechen über Bereiche, die bereits durch das GATS abgedeckt werden (z. B. Telekommunikation, Seeverkehr, Finanzdienstleistungen Modus 4-Dienstleistungen). Ziel ist der Abbau der Diskriminierung, die Dienstleister gegenwärtig daran hindert, im Gebiet einer anderen TiSA-Vertragspartei tätig zu werden. Artikel 1.3 GATS beschränkt sich auf Liberalisierungsbestrebungen für nicht öffentlich erbrachte Dienstleistungen, doch sind über 50 Mitglieder der WTO in Verhandlung, auch bei bisher öffentlichen Dienstleistungen private Anbieter zuzulassen und im Zusammenhang mit dem Welthandel auch ausländischen Anbietern den Zugang zu ermöglichen.

198 Ebd., S. 12.

199 Australia, Canada, Chile, Colombia, European Union, Hong Kong, Japan, Mexico, New Zealand, Norway, Pakistan, Singapore, South Korea, Switzerland, Taiwan and the United States.

200 Vastine, Robert J. (2012), S. 3 f.

201 Vgl. European Commission (2013).

202 European Commission (2015b).

203 Europäisches Parlament (2016).

Was auf die Staaten zukommen könnte, sollten sie TiSA vereinbaren, kann in den TiSA-Leaks nachgelesen werden.[204]

5.8 Folgenabschätzung

Bevor ein Unternehmen in der freien Wirtschaft eine Fusion durchführt, eine neue IT-Anwendungslandschaft im Unternehmen installiert oder ein neues Produkt auf den Markt bringt, werden zunächst in der Unternehmensplanung zukünftiger Strukturen, Prozesse und Ereignisse gedanklich gestaltet und vorweggenommen. Hierbei gibt es unter anderem Business Cases, Investitionsplanungen, Kosten- und Nutzenrechnungen sowie eine Vielzahl weiterer Instrumente und Methoden.

5.8.1 Impact Assessment

Will die EU-Kommission ein neues Gesetz einbringen oder eine bestimmte Initiative starten, bewertet sie in einer sogenannten Folgenabschätzung die möglichen Auswirkungen unter anderem auf Wirtschaft, Gesellschaft und Umwelt. Es gibt in der EU seit 2002 für alle Politikbereiche generelle Folgenabschätzungen (impact assessments), sobald ein großer Regulierungsauftrag bei der Kommission eingeht, um zu prüfen, ob die Maßnahme durchgeführt werden kann. Die Folgenabschätzung erfolgt vor der Entscheidung der Annahme eines Auftrags.[205]

5.8.2 Sustainability Impact Assessment

Für die Durchführung einer soliden, faktengestützten und transparenten Verhandlung von Handelsverträgen nehmen Sustainability Impact Assessments (Trade SIA's) eine Schlüsselrolle ein.[206] Sie werden von der Europäischen Kommission bereits seit 1999[207] – die Verhandlungen von Freihandelsabkommen begleitend – als ex-ante Untersuchung angewandt. Ihren Ursprung hat die Betrachtung nachhaltiger Entwicklung im Weltumweltgipfel in Rio de Janeiro 1992, als

---

204 Vgl. Kelsey, Jane (2015).

205 Vgl. Europäische Kommission (o. J.b).

206 Vgl. European Commission (2017c).

207 Vgl. European Commission (2016c), S. 5.

die Idee auf die Agenda gesetzt wurde und die Teilnehmer ökonomisches Wachstum mit Nachhaltigkeit verknüpfen wollten.[208]

Die Folgenabschätzungen ermitteln reale und potentielle Auswirkungen von Handelsverträgen auf wirtschaftliche, ökologische und soziale Aspekte der jeweiligen Verhandlungsparteien. Seit 2012 werden, neben den ursprünglichen drei Säulen des Trade SIA, wirtschaftliche und soziale Entwicklung und Umweltschutz auch die Menschenrechte in die Folgenabschätzungen einbezogen.[209] Eine fünfte – weniger beachtete – Säule bilden Betrachtungen zu Strukturen von Institutionen und Verwaltung.

Hieß es noch in der Erstauflage des Handbuches 2006, dass Folgenabschätzungen keine Antwort auf die Frage liefern, ob die Liberalisierung im Handel gut oder schlecht sind, ist in der zweiten Version von 2016 davon keine Rede mehr. Auch die Aussage von 2006 „dass Handelsliberalisierung allein selten größere Wirkungen hat: häufig sind es andere Politiken – oder der Mangel daran – die allein oder in Kombination mit Liberalisierung signifikante Wirkungen hervorrufen."[210] ist

so nicht mehr zu finden. SIA's bewerten nur noch, wie eine Handlung vorgenommen werden soll, denn die Entscheidung über die Verhandlung zu einem Handelsabkommen ist zu diesem Zeitpunkt durch die Erteilung eines Verhandlungsmandats an die Europäische Kommission längst gefallen und steht nicht mehr in Frage.[211] Ein Trade SIA soll nicht später als ein halbes Jahr nach Verhandlungsbeginn eingeleitet werden, um noch zu einem sinnvollen Zeitpunkt in den Prozess einfließen zu können.[212]

---

208 Ebd., S. 6.

209 Ebd., S. 4.

210 „Trade SIAs do not produce a Yes/No answer to whether trade liberalisation is good or bad; that is not the objective of the exercise. Nor do Trade SIAs produce a single quantitative result. Rather, they produce qualitative results which describe the expected effects of trade liberalisation on the three pillars of sustainable development. The Trade SIAs carried out so far have indicated both positive and negative potential effects. Forecast effects have not indicated major effects, either positive or negative. Importantly, results have shown that trade liberalisation alone rarely produces major effects: often it is other policies – or the lack of them – that on their own, or in combination with trade liberalisation, can have significant effects." European Commission (2006), S. 19.

211 Vgl. European Commission (2006), S. 11.

212 Vgl. European Commission (2016c), S.11.

Grundsätzlich betrachten die Folgenabschätzungen drei unterschiedliche Szenarien:

- Baseline, ein minimalistisches Freihandelsabkommen (limited);
- Liberalisation, ein vertieftes Freihandelsabkommen (extended/deep);
- Further liberalisation, ein umfangreiches/ambitioniertes Freihandelsabkommen (extended/broad).

Datenmangel und fehlende Bewertungsinstrumente erlauben es nur, zwei Bewertungen vorzunehmen.[213] Und da „es keine Universalmethode gibt, benötigt man eine Reihe quantitativer und qualitativer Bewertungsinstrumente, einschließlich Fallstudien, Modellierungen, statistischen Schätzungen und Gutachten."[214] und „machen das Erreichen detaillierter und spezifischer Resultate zu einer Herausforderung."[215]

213 Vgl. European Commission (2006), S. 28.

214 Ebd., S.34.

215 Ebd., S. 39.

6 Zusammenfassung und Fazit

Die Kommission erhofft sich vom Freihandel, der nicht mehr nur den Austausch von Waren und die Senkung von Quoten vorsieht, Wirtschaftswachstum, die Schaffung von Arbeitsplätzen, den Erhalt der Wettbewerbsfähigkeit und vor allem preisgünstige Produkte sowohl für Produzenten von als auch den Verbrauchern von Waren unter Wahrung von Umweltschutz- und Menschenrechtsaspekten.

Freihandelsabkommen der EU gehen über die jeweiligen Verpflichtungen der World Trade Organisation hinaus, da die Vertragsparteien immer auch über Schutz ausländischer Direktinvestitionen, Wettbewerbsregeln und Nachhaltigkeitsfragen wie Arbeitsrechte, Verbraucher- und Umweltschutz verhandeln.[216] Die modernen Freihandelsvereinbarungen sollen über den Zollabbau hinausgehen. Nicht-tarifäre Handelshemmnisse wie unterschiedliche technische Standards oder ungünstige bürokratische Bedingungen sollen beseitigt werden, Dienstleistungsmärkte liberalisiert und öffentliche Beschaffungsmärkte geöffnet werden. Außerdem soll mehr Sicherheit durch eindeutige Regeln der Rechte des geistigen Eigentums geschaffen werden.

Nach Jahren der Untätigkeit und dem Hinterherwinken für beispielsweise Balda (2007)[217], Nokia (2012)[218], Loewe (2013)[219], Volkswagen (2013)[220] und dem deutschen Maschinenbau[221], erkennt die Kommission offenbar den Ernst der Lage. Die EU-Kommission „hat eine Handelsstrategie vorgelegt, die viele Anliegen der kritischen Öffentlichkeit aufgenommen hat. Die gute Rhetorik ist aber nicht hinreichend mit Instrumenten hinterlegt."[222]

Der EGF wurde auch im Fall von Nokia's Produktionsverlagerung nach Rumänien in Anspruch genommen[223], was widersprüchlich zu den Wettbewerb- und Dyna-

216 Vgl. Europäische Kommission (2016a).
217 Vgl. Computerwoche (2007).
218 Vgl. Welt (2012).
219 Vgl. Süddeutsche (2013).
220 Vgl. n-tv (2013).
221 Vgl. Produktion.de (2015).
222 Vgl. Bündnis 90/Die Grünen (2015).
223 Vgl. Europäische Kommission (2017b).

mik-Zielen des Europäischen Binnenmarktes ist[224]. Die Globalisierungshilfe sei über den Europäischen Sozialfonds besser angelegt (Mann nach Büssow).[225]

Handel und Investitionen in der EU setzen laut Kommission ein bedeutendes Potenzial in Bezug auf Wachstum, Beschäftigung und Arbeitsplatzschaffung sowie Investitionen in der EU frei. Die EY-Studie belegt, dass Auslandsinvestitionen tatsächlich Arbeitsplätze schaffen, doch fehlen Zahlen, die zeigen, wie viele Arbeitsplätze wegen Produktionsverlagerung oder Kapitalabflüssen ins Ausland bereits wegfallen waren. Ob es der Erfolg der Kommission und ihrer Strategien ist oder schlicht die Einsicht der Unternehmer, Produktionen zurück nach Europa zu verlagern, kann hier nicht geklärt werden. Doch gibt es einen Reshoring-Trend, ausgelöst durch unzuverlässige Lieferanten, hohe Transportkosten, schlechte Qualität und gestiegene Lohnkosten.[226] *Flassbeck* ist der Ansicht, dass „[…] Länder mit Handelsbilanzüberschüssen ein Problem für Defizitländer [schaffen], weil sie die Aufgabe der Defizitländer, die (durch das Sparen entstandene) Nachfragelücke durch Investitionen (und Schulden) auszugleichen, systematisch vergrößern. Besonders problematisch sind solche Überschüsse, die sich dadurch ergeben, dass die Überschussländer ihre Wettbewerbsfähigkeit erhöhen (durch Lohndumping und/oder unterbewertete Währungen z. B.) und im Zuge dessen die Defizitländer systematisch schwächen, aber dennoch akzeptieren, dass die infolge des Verlusts der Wettbewerbsfähigkeit geschwächten Länder in immer größerem Maße zu Schuldnern werden."[227] Am Beispiel des Freihandelsabkommens KOREU muss man spätestens 2021 analysieren, welche tatsächlichen Auswirkungen die koreanischen Handelsbilanzdefizite haben. Dies gilt selbstverständlich auch für alle anderen Handelsabkommen.

Die Zusicherung, dass kein Handelsabkommen der EU zu einem niedrigeren Niveau beim Verbraucher- und Umweltschutz, beim sozialen Schutz oder beim Arbeitsschutz führen wird, als es derzeit in der Europäischen Union herrscht, muss vom Europäischen Parlament ständig geprüft werden, wobei die Kommission diesen Grundsatz weiter klarstellen und untermauern muss. Neuerliche Zweifel an

224 Vgl. Büssow, Robert (2008).

225 Ebd.

226 Vgl. Burckhardt, Ines (2016).

227 Flassbeck, Heiner (2017), S. 3.

der Verlässlichkeit der Zusicherung seitens der Kommission wurden laut, nachdem geheime Verhandlungsdokumente zum JEFTA bekannt wurden.[228]

Es geht in der Strategie um die Öffnung von Märkten, wodurch Wettbewerb und Innovation zum Nutzen einer höheren Wettbewerbsfähigkeit Europas angeregt werden, was wiederum Arbeitsplätze und Wachstum entstehen lässt. Sie weist stark auf das unerschlossene Potenzial von KMU und der Notwendigkeit hin, diese gezielt zu unterstützen, wobei auch die nichtausführenden KMU im gleichen Maß Beachtung bedürfen, so dass die Handelspolitik und der freie Handel nicht nur der Exportwirtschaft der Mitgliedstaaten zugutekommen. Die Zerstörung von lokalen und regionalen Wertschöpfungsketten muss bei den angekündigten Bemühungen der Kommission verhindert werden. Es muss eine verstärkte Entwicklung der lokalen Produktion und Verarbeitung ermöglicht werden.

Weshalb sich Repräsentanten von Völkern, sei es die Bundesregierung, das Europäische Parlament, die Europäische Kommission – die nicht vom Volk legitimiert ist –, auf das ISDS einlassen, obwohl sie längst um die Folgen wissen, ist unklar und muss durch weitere wissenschaftliche Studien erforscht werden. Sollte aus der Idee der Kommission Wirklichkeit werden, einen eigenen Investitionsgerichtshof zu schaffen und zu etablieren, ist sicherzustellen, dass während der gesamten Übergangsphase das Recht zuständiger staatlicher Behörden, öffentliche Dienstleistungen in einem von diesen als nötig und geeignete erachteten Mix zu erbringen, gewahrt bleibt.

Ein angekündigtes Mehr an Transparenz ist lobens- und wünschenswert, reduziert es doch das Risiko, dass Lobbygruppen die Abkommen während der Verhandlungen in ihrem Sinne beeinflussen. Dennoch ist das Problem vor Verhandlungsbeginn zu suchen, wie und von wem handelspolitische Ziele in den EU-Mitgliedsstaaten formuliert werden, die dann in einem Mandat münden. Darüber herrscht weiter Intransparenz und die Strategie trifft hierzu keine Aussage.

Im Abschlussbericht des Trade SIA für ein EU-ANDEAN-Abkommen (also gesamthaft mit Peru, Ecuador, Kolumbien und Bolivien) aus dem Jahr 2009 werden zwei Szenarien (‚modest' und ‚ambicious' liberalisation, also ‚deep' und ‚broad') betrachtet. Im Betrachtungszeitraum 2009 bis 2018 erzielen die ANDEAN-Staaten im Modell eine Zunahme des Bruttoinlandsproduktes (BIP). Doch erst 2018 ergä-

228 Vgl. Hagelüken, Alexandra; Mühlauer, Alexander (2017).

be sich eine geringe Zunahme von 0,7 % (für Peru) bis 2,1 % (für Bolivien, die nicht am FHA teilnehmen) im ambitionierten Szenario. Der EU prognostiziert das Trade SIA keine Veränderung des BIP.[229] Dennoch schließen Staaten Freihandelsabkommen.

Handel für alle - Hin zu einer verantwortungsbewussteren Handels- und Investitionspolitik nennt sich Strategie. Tatsächlich kann man den Eindruck gewinnen, dass gewisse Punkte der Unternehmensplanung, wie man sie aus der Betriebswirtschaftslehre kennt, Eingang gefunden haben. Die Strategie ist zunächst eine Liste von Prinzipien. Formal- und Sachziele werden formuliert. Was fehlt ist ein klares Langzeitziel. Auch fehlt ein Satz von Regeln, der die Zielerreichung unterstützt. War die bisherige Handelspolitik der EU nicht regelbasiert und weniger verantwortungsvoll, dass dies durch den Arbeitstitelzusatz - *Hin zu einer verantwortungsbewussteren Handels- und Investitionspolitik* - extra prononciert werden muss?

Im Kapitel 5.7.1 wurde herausgearbeitet, dass die EU öffentliche Dienstleistungen in Freihandelsabkommen nicht aus der Hand geben will. Der Fall Saltillo aus Kapitel 4.3.2 liefert einen Vorgeschmack, was passieren kann, sollte die EU davon abrücken. Der aktuelle Fall über die Privatisierung der Wasserversorgung in Griechenland offenbart die Gefahr, dass Griechenland als Präzedenzfall privaten Konzernen doch noch Zugang zum Wassermarkt verschaffen soll. [230] Es sind Parallelen zum Washington Consensus[231] zu erkennen, und sollte TiSA in Kraft treten, wäre dieser Bereich öffentlicher Daseinsfürsorge dem freien Dienstleistungshandel durch die Hintertür preisgegeben.

Die neue Legitimationsideologie der EU ist die Bewahrung der Vormachtstellung Europas in Zeiten der Globalisierung.[232] Keine Aussage trifft die Strategie zu den künftigen Handelsbeziehungen mit Russland oder China. Der Kommission kann bei Veröffentlichung der Strategie die Neue-Seidenstraße-Strategie[233] oder Chinas Engagement in Afrika oder auch in Europa nicht unbekannt gewesen sein. China

---

229 Vgl. European Commission (2009), S. 62.

230 Vgl. Bonse, Eric (2017).

231 Zum Washington Consensus am Beispiel Lateinamerikas in den 1970er und 1980er Jahren vgl. Hein, Wolfgang, Steiner Susan (2008).

232 Wehr, Andreas (2016).

233 Vgl. Birger, Nicolai (2017).

und Russland haben wie Afrika ein Interesse daran, die globale Wirtschaftsordnung zu verändern.[234] China hat sich über die Firma Cosco mit 67 % am Hafen von Piräus in Griechenland eingekauft[235] und sind im Land des EU-Beitrittskandidaten Albanien aktiv[236]. Bringt China in den kommenden 36 Jahren seine Kriegsmaschinerie unbemerkt durch den Suez-Kanal nach Europa, könnte hierin Konfliktpotential in der Zukunft liegen. Es wäre interessant zu wissen, wie sich die Kommission die künftige Zusammenarbeit mit den beiden Staaten vorstellt. Nicht klar dargelegt hat die Kommission, wie sie konkret die vielen weiteren Politikbereiche im Zusammenhang mit der Handelspolitik mitberücksichtigen und unterstützen will und wie sie bei auftretenden Konflikten der drei Kernprinzipien Wirksamkeit, Transparenz und Werte verfahren will.

Befürworter des Freihandels argumentieren gern mit günstigen Preisen für Verbraucher. Dazu sagte der Botschafter der Europäischen Union in Südkorea: „Finally, it might be true that the benefits for consumers in terms of variety and lower prices of imported goods are not fully visible yet."[237] Deutlich sichtbarer, weil besser durch diverse Organisationen kommuniziert, sind hingegen Umweltzerstörung, prekäre Beschäftigung sowie Menschenrechtsverstöße in den Ländern, mit denen die EU Handelsabkommen geschlossen hat. All dies ist in den Preisen nicht berücksichtigt und diese Probleme, auch vor der eigenen Haustür, müssen von Seiten der Politik aber auch den Unternehmen konsequent beseitigt werden.

Die Einhaltung der Menschenrechte, verantwortungsvolle Staatsführung, nachhaltige Entwicklung, soziale und ökologische Anliegen sollen bei Handelsbeziehungen der EU mit ihren Partnern eine Rolle spielen. Das macht die Kommission, doch gelingt es nicht, wie Studien belegen, weil Monitoring durch die Politik fehlt, und weil die unterschiedlichsten Klauseln existieren, oder weil Verstöße nicht sanktioniert werden. Internationaler Handel sollte vor allem nach den sozialen, arbeitsrechtlichen und ökologischen Bedingungen, unter denen Waren und Dienstleistungen hergestellt werden, betrachtet werden.

---

234 Vgl. Tandon, Yash (2016), S. 209.

235 Vgl. Christides, Giorgos (2016).

236 Vgl. Siren, Frank (2016).

237 Kozlowski, Tomasz (2015), S. 16.

„Schließlich könnte es wahr sein, dass die Vorteile für die Verbraucher in Bezug auf Vielfalt und niedrigere Preise der eingeführten Waren noch nicht vollständig sichtbar sind.

Der Verfasser dieser Arbeit ist der Ansicht, dass die EU ihrer Aufgabe nicht ausreichend nachkommt, eine wertebasierte oder eine verantwortungsbewusstere Handelspolitik zu betreiben. Die Kommission verhandelt im Namen der Bevölkerung der EU Handelsabkommen und erwartet, dass alle hinter den Verhandlungen stehen, obgleich niemand genau weiß, was genau die Parteien verhandeln. Je transparenter diese Verhandlungen durch inoffizielle Dokumente werden, desto unglaubwürdiger macht sich die Kommission. Zudem verhandeln und entscheiden Handelspolitiker nach einem 200 Jahre alten Modell, dass nach Meinung von *Flassbeck* aufgrund seiner Annahmen mit der Wirklichkeit nichts zu tun hat.[238] Auch Adam Smith dürfe nicht als Verfechter des Freihandels per se genannt werden, so *Kaczmarczyk*.[239] Wachstum durch Freihandel bezeichnet er als Mythos[240] und auch *Podkaminer* sieht den internationalen Handel nicht als Treiber für globales Wachstum.[241]

Im Ergebnis zeigt diese Arbeit, dass es reichlich Argumente gibt, dem Freihandel in seiner derzeitigen Form skeptisch und ablehnend gegenüber zu stehen und Anpassungen anzumahnen und einzufordern.

> „Handel tötet Menschen; er treibt sie in die Armut; er schafft Reichtum an einem und Armut am anderen Ende; er bereichert die mächtigen Nahrungsmittelkonzerne auf Kosten der Marginalisierung von armen Bauern, die dann zu Wirtschaftsflüchtlingen in ihren eigenen Ländern werden oder (sofern sie körperlich gesund sind) versuchen, ihr Land zu verlassen, um in den reichen Ländern des Westens nach Arbeit zu suchen – über das Mittelmeer von Afrika nach Europa, über die mexikanische Grenze zur USA, über das Meer von Südasien nach Australien. Natürlich ist Handel lebenswichtig für das Wohlergehen der Menschen. Wir stellen Dinge her, wir produzieren Nahrung, wir liefern Dienstleistungen (...), und wir müssen verkaufen, was wir produzieren. [...] [Handel] kann ein Mittel zur friedlichen Entwicklung der Völker der Welt sein – das kann er sein, und das war er in der Vergangenheit. Doch in unserer Zeit ist er es nicht. Handel ist zu einer Waffe [...] zwischen den reichen Nationen und dem Rest der Welt geworden." [242]

[238] Vgl. Flassbeck (2016).

[239] Vgl. Kaczmarczyk, Patrick (2017a).

[240] Vgl. Kaczmarczyk, Patrick (2017b).

[241] Vgl. Podkaminer, Leon (2017).

[242] Tandon, Yash (2016), S. 32.

Literaturverzeichnis

ACP (2014): About us. Secretariat ACP. In: ACP online unter: http://www.acp.int/ content/secretariat-acp; Zugriff am 01.06.2017

AHK Mexiko Deutsch-Mexikanische Industrie- und Handelskammer (2015): Fact-sheet Mexiko. Basisinformationen zum Zielmarkt. In: AHK Mexiko online unter: http://mexiko. ahk.de/fileadmin/ahk mexiko/Efic Energetica 2015/Factsheet Industrie effizienz 2015 20150115.pdf; Zugriff am 19.06.2017

Amnesty International (2017): Máxima Acuña siegt vor Gericht. In: Amnesty International online unter: https://www.amnesty.de/2017/5/3/peru-maxima-acuna-siegt-vor-gericht; Zugriff am 05.06.2017

Amtsblatt der Europäischen Union (2014): L 271/93. EMPFEHLUNG DER KOMMISSION vom 10. September 2014 zum Monitoring des Vorkommens von 2- und 3-Monochlorpropan-1,2-diol (2- und 3-MCPD), von 2- und 3-MCPD-Fettsäureestern und Glycidyl-Fettsäureestern in Lebensmitteln (Text von Bedeutung für den EWR) (2014/661/EU). In: EUR-Lex online unter: http://eur-lex.europa.eu/legal-content/DE/ TXT/PDF/?uri=CELEX:32014H0661&from=DE; Zugriff am 20.06.2017.

Arto I. et al. (2015): EU Exports to the World: Effects on Employment and Income. Luxembourg: Publications Office of the European Union

BALSER, MARKUS (2017): Fleischindustrie. Ausgebeutet auf dem Schlachthof. In: Süddeutsche online unter: http://www.sueddeutsche.de/wirtschaft/fleischindustrie-ausgebeutet-auf-dem-schlachthof-1.3530747; Zugriff am 02.06.2017

BERETTA, ALDO RABIELA (2015): EL ACUERDO GLOBAL ENTRE LA UNIÓN EUROPEA Y MÉXICO, Berlin. In: Forschungs- und Dokumentationszentrum Chile-Lateinamerika e. V. online unter: https://www.fdcl.org/wp-content/uploads/2015/10/ EL-ACUERDO-GLOBAL-ENTRE-LA-UNI%C3%93N-EUROPEA-Y-M%C3%89XICO web.pdf; Zugriff am 28.06.2017

BIRGER, NICOLAI (2017): Neue Seidenstraße. So macht China die Europäer noch abhängiger von sich. In: Welt online unter: https://www.welt.de/wirtschaft/article 161208683/So-macht-China-die-Europaeer-noch-abhaengiger-von-sich.html; Zugriff am 30.06.2017

Biskamp, Stefan (2012): Lagerbildung in Peru. Blutiger Konflikt um Goldminenprojekt. In: Manager Magazin online unter: http://www.manager-magazin.de /politik/weltwirtschaft/a-849067.html; Zugriff am 05.06.2017

BLAWAT, KATRIN (2012): Chlor im Trinkwasser - Mit Chemie gegen den Dreck: In: Süddeutsche Zeitung online, 23.02.2012, http://www.sueddeutsche.de/gesundheit/ 2.220 /chlor-im-trinkwasser-mit-chemie-gegen-den-dreck-1.1121889; Zugriff am 23.05.2017

BONSE, ERIC (2017): Privatisierung der Wasserversorgung. In Griechenland brechen alle Dämme. In: taz online unter: http://taz.de/Privatisierung-der-Wasserversorgung/!5431596/; Zugriff am 20.07.2017

BÜNDNIS 90/Die Grünen (2015): EU-Handelspolitik Wie gestalten wir Weltwirtschaftsbeziehungen fair? In: Grüne-Bundestag online unter: https://www.gruene-bundestag.de/themen/freihandel/wie-gestalten-wir-weltwirtschaftsbeziehungen-fair-02-12-2015.html; Zugriff am 26.06.2017

BÜSSOW, ROBERT (2008): EU-Globalisierungsfonds. Millionen, die keiner haben will. In. Spiegel online unter: http://www.spiegel.de/wirtschaft/eu-globalisierungsfonds- millionen-die-keiner-haben-will-a-542795.html; Zugriff am 27.06.2017

BUNDESKANZLERAMT RECHSINFORMATIONSSYSTEM (2017): Bundesrecht konsolidiert: Gesamte Rechtsvorschrift für WTO-Abkommen - Handel mit Dienstleistungen, Fassung vom 29.05.2017. In: RIS online unter: https://www.ris.bka.gv.at/GeltendeFassung.wxe?Abfrage=Bundesnormen&Gesetzesnummer=10007663; Zugriff am 29.05.2017

Bundesministerium für Wirtschaft und Energie (o. J.): Dossier. Handelspolitik. Internationalen Handel stärken und Barrieren abbauen. In: BMWi online unter: http://www.bmwi.de/DE/Themen/Aussenwirtschaft/Handelspolitik/europaeische-handelspolitik,did=242720.html; Zugriff am 01.06.2017

BUNDESMINISTERIUM FÜR WIRTSCHAFTLICHE ZUSAMMENARBEIT UND ENTWICKLUNG (o. J.): Welthandelssystem. Das Allgemeine Übereinkommen über den Handel mit Dienstleistungen (GATS). In: BMZ online unter: https://www.bmz.de/de/themen/welthandel/welthandelssystem/GATS.html; Zugriff am 29.05.2017

BUNDESMINISTERIUM FÜR WISSENSCHAFT, FORSCHUNG UND WIRTSCHAFT (2014): Allgemeines Präferenzsystem (APS). In: bmwfw online unter: https://www.bmwfw.gv.at/Aussenwirtschaft/handelspolitik/EU/Seiten/APS.aspx; Zugriff am 02.06.2017

Burckhardt, Ines (2016): Made in Germany. Hersteller produzieren wieder in Deutschland. In: Deutschlandfunk online unter: http://www.deutschlandfunk.de/ made-in-germany-hersteller-produzieren-wieder-in-deutschland.724.de.html?dram:article_id=372173; Zugriff am 29.06.2017

Christides, Giorgos (2016): Privatisierung von Piräus. Draußen Kampf, drinnen Prost. In: Spiegel online unter: http://www.spiegel.de/wirtschaft/soziales/griechenland-verkauft-hafen-von-piraeus-an-chinesen-a-1086260.html; Zugriff am 25.07.2017

Christliche Initiative Romero (2017): PRESSEMITTEILUNG. Neue Gesetzgebung zu Konfliktmineralien. Eine vertane Chance für die Europäische Union. In: CIR online unter: http://www.ci romero.de/presse konfliktmineralien/; Zugriff am 05.06.2017

COMMISSION OF THE EUROPEAN COMMUNITIES (2001): COMMUNICATION FROM THE COMMISSION TO THE COUNCIL, THE EUROPEAN PARLIAMENT AND THE ECONOMIC AND SOCIAL COMMITTEE PROMOTING CORE LABOUR STANDARDS AND IMPROVING SOCIAL GOVERNANCE IN THE CONTEXT OF GLOBALISATION. In: European Commission online unter: http://ec.europa.eu/development/body/theme/human social/docs/gender/CLS%20COM%20416%202001 .pdf; Zugriff am 26.06.2017

Computerwoche (2007): Balda verlagert Produktion nach Asien. In: Computerwoche online unter: https://www.computerwoche.de/a/balda-verlagert-produktion-nach-asien,1851111; Zugriff am 26.06.2017

CQ Almanac (2017): Presidential Address: Clinton Urges Passage Of Free-Trade Pact. In: CQPRESS Online Editions unter: https://library.cqpress.com/cqalmanac/document. php?id=cqal93-844-25162-1104274; Zugriff am 18.06.2017

Delegation of the European Union to Mexico (2016): Free Trade Agreement. The Free Trade Agreement between Mexico and the European Union. In: European External Action Service online unter: http://eeas.europa.eu/archives/ delegations/mexico/eu mexico/trade relation/free trade/ index_en.htm; Zugriff am 03.06.2017

DER GERICHTSHOF (2017): Gutachten 2/15 des Gerichtshofs (Plenum). In: CURIA online unter http://curia.europa.eu/juris/document/document.jsf?docid=190727&mode =req&pageIndex=1&dir=&occ=first&part=1&text=&doclang=DE&cid=413290; Zugriff am 16.05.2017

Deter, Alfons (2017): EU importiert weniger Sojabohnen und Palmöl. In: Topagrar online unter: https://www.topagrar.com/news/Markt-Marktnews-EU-importiert-weniger-Sojabohnen-und-Palmoel-6822421.html; Zugriff am 20.06.2017

DIE BUNDESREGIERUNG (2013): Welthandelsorganisation (WTO). In: Die Bundesregierung online unter: https://www.bundesregierung.de/Content/DE/Lexikon/EUGlossar/W/2005-11-16-welthandelsorganisation-wto-.html; Zugriff am 24.05.2017

Die Bundesregierung (2016): Rede von Bundeskanzlerin Merkel beim Tag der Deutschen Industrie am 6. Oktober 2016 in Berlin. In: Die Bundesregierung online unter: https://www.bundesregierung.de/Content/DE/Rede/2016/10/2016-10-06-rede-merkel-tag-der-deutschen-industrie.html; Zugriff am 22.06.2017.

DEUTSCHER BUNDESTAG (2016): Drucksache 18/8544. Antwort der Bundesregierung auf die Kleine Anfrage der Abgeordneten Katharina Dröge, Kerstin Andreae, Britta Haßelmann, weiterer Abgeordneter und der Fraktion BÜNDNIS 90/DIE GRÜNEN – Drucksache 18/8294 – TTIP – Transparenz, Zugang zu Dokumenten und Umgang mit dem Leseraum. In: Bundestag Dokumentations- und Informationssystem online unter: dipbt.bundestag.de/doc/btd/18/085/1808544.pdf; Zugriff am 27.06.2017

Dobbin, Murray (2015): Free Trade Deals Put Profits over Public Interest, in: The Tyee online unter: https://thetyee.ca/Opinion/2015/05/29/Free-Trade-Puts-Profit-Over-Public; Zugriff am 07.06.2017

Dube, Oeindrila; García-Ponce, Omar; Thom, Kevin (2015): From Maize to Haze: Agricultural Shocks and the Growth of the Mexican Drug Sector. In: Omar Garcia Ponce online unter: http://omargarciaponce.com/wp-content/uploads/2013 /07/maize_to_haze.pdf; Zugriff am 07.06.2017

DUMMER, NIKLAS (2014): Mexiko. Zwischen Drogenkriminalität und großer Zukunft. In: Wirtschaftswoche online unter: http://www.wiwo.de/politik/ausland/mexiko-zwischen-drogenkriminalitaet-und-grosser-zukunft/v_detail_tab_print/10950656.html; Zugriff am 19.06.2017

ENDRES, ALEXANDRA (2016): Honduras. Wer ließ die Umweltschützerin Berta Cáceres töten? In: ZEIT ONLINE, 07.12.2016: http://www.zeit.de/wirtschaft/2016-11/honduras-berta-caceres-mord-voith-hydro-siemens-menschenrechte-verantwortung/komplettansicht?print; Zugriff am 31.05.2017

EUROPEAN COMMISSION (2006): Handbook for trade sustainability impact assessment. In: European Commission online unter: http://trade.ec.europa.eu/doclib/ html/127974.htm; Zugriff am 19.06.2017

EUROPEAN COMMISSION (2007): MEXICO. COUNTRY STRATEGY PAPER 2007-2013. In: European Commission online unter: https:// ec.europa.eu/europeaid/sites/ devco/files/csp-mexico-2007-2013_en.pdf; Zugriff am 19.06.2017

EUROPEAN COMMISSION (2009): EU-Andean Trade Sustainability Impact Assessment. In: European Commission online unter: http://trade.ec.europa.eu/doclib/ html/146014.htm; Zugriff am 05.07.2017

EUROPEAN COMMISSION (2010): Trade. EPA Fact sheet from EU Trade. In: European Union External action online unter: http://www.eeas.europa.eu/archives /delegations/zimbabwe/documents/eu_zimbabwe/epa_fact_sheet_infopack_2_en.pdf; Zugriff am 19.06.2017

European Commission (2012): Trade Agreement between the EU and Colombia & Peru. In: European Commission online unter: http://trade.ec.europa.eu/doclib/docs/ 2012/november/tradoc_150033.pdf; Zugriff am 03.06.2017

European Commission (2013): Memo. Negotiations for a Plurilateral Agreement on Trade in services. In: European Commission online unter: http://europa. eu/rapid/press-release_MEMO-13-107_en.htm; Zugriff am 25.06.2017

European Commission (2014a): News archive. Andean Community. EU and Ecuador publish text of trade agreement. In: European Commission online unter: http://trade.ec.europa.eu/doclib/press/index.cfm?id=1156; Zugriff am 03.06.2017

EUROPEAN COMMISSION (2014b): COM(2014) 718 final. REPORT FROM THE COMMISSION TO THE EUROPEAN PARLIAMENT AND THE COUNCIL Annual Report on the Implementation of the EU-Colombia/Peru Trade Agreement. In: European Commission online unter: http://eur-lex.europa.eu/legal-content/EN/TXT/ PDF/?uri=COM:2014:718:FIN&rid=11; Zugriff am 19.06.2017

European Commission (2015a): Trade for All: European Commission presents new trade and investment strategy. In: European Commission online unter: http://trade.ec.europa.eu/doclib/press/index.cfm?id=1381; Zugriff am 07.06.2017

EUROPEAN COMMISSION (2015b): GOODS AND SERVICES. Trade in Services Agreement: 'The mandate shows that our high standards in public services will be upheld' – says Malmström. In: European Commission online unter: http://trade.ec. europa.eu/doclib/press/index.cfm?id=1273; Zugriff am 08.06.2017

EUROPEAN COMMISSION (2016a): Directorate-General for Trade. European Union, Trade in goods with Mexico. In: General Trade websites, unter: http://trade.ec.europa.eu/doclib/docs/2006/september/tradoc_113418.pdf; Zugriff am 19.06.2017

EUROPEAN COMMISSION (2016b): COM(2016) 58 final. REPORT FROM THE COMMISSION TO THE EUROPEAN PARLIAMENT AND THE COUNCIL. Second Annual Report on the Implementation of the EU-Colombia/Peru Trade Agreement. In: European Commission online unter: https://ec.europa.eu/transparency/regdoc/ rep/1/2016/EN/1-2016-58-EN-F1-1.PDF; Zugriff am 19.06.2017

EUROPEAN COMMISSION (2016c): Handbook for trade sustainability impact assessment second edition. In: European Commission online unter: http://trade.ec.europa.eu/doclib/html/154464.htm; Zugriff am 19.06.2017

European Commission (2017a): Directorate-General for Trade. Colombia. In: Colombia Trade Statistics online unter: http://trade.ec.europa.eu/doclib/html/111494. htm; Zugriff am 04.06.2017

European Commission (2017b): Directorate-General for Trade. Peru. In: PERU - Trade Statistics online unter: http://trade.ec.europa.eu/doclib/html/111556.htm; Zugriff am 04.06.2017

EUROPEAN COMMISSION (2017c): Trade. Sustainability Impact Assessments. In: European Commission online unter: http://ec.europa.eu/trade/policy/policy-making/analysis/policy-evaluation/sustainability-impact-assessments/index_en.htm; Zugriff am 19.06.2017

European Food Safety Authority (2016): Prozesskontaminanten in Pflanzenölen und Lebensmitteln. In: Europäische Behörde für Lebensmittelsicherheit online unter: https://www.efsa.europa.eu/de/press/news/160503a; Zugriff am 20.06.2017

Europäische Kommission (o. J.a): Europäischer Fonds für die Anpassung an die Globalisierung. In: Europäische Kommission online unter: http://ec.europa.eu/ social/main.jsp?catId=326&langId=de; Zugriff am 28.06.2017

Europäische Kommission (o. J.b): Folgenabschätzungen. In: Europäische Kommission online unter: http://ec.europa.eu/info/law-making-process/planning-and-proposing-law/impact-assessments_de; Zugriff am 19.06.2017

Europäische Kommission (2009): Die Finanzverfassung der Europäischen Union, 4. Ausgabe, Luxemburg. In: Europäische Kommission online unter: http:// ec.europa.eu/budget/library/biblio/publications/public_fin/EU_pub_fin_de.pdf# page=265; Zugriff am 02.06.2017

Europäische Kommission (2011): Das Freihandelsabkommen zwischen der EU und Korea in der Praxis, Luxemburg. In: Europäische Kommission online unter: http:// trade.ec.europa.eu/doclib/html/148307.htm; Zugriff am 06.06.2017

EUROPÄISCHE KOMMISSION (2012a): MEMO. Bessere Zollpräferenzen für die bedürftigsten Länder: Reform des Allgemeinen Präferenzsystems der EU. In: Europäische Kommission online unter: http://europa.eu/rapid/press-release_MEMO-12-820_de.htm; Zugriff am 25.04.2017

EUROPÄISCHE KOMMISSION (2012b): PRESSEMITTEILUNG. Europäische Kommission begrüßt Unterstützung des Europäischen Parlaments für engere Verbindungen mit Zentralamerika und neue Handelsvereinbarungen mit Peru und Kolumbien. In: Europäische Kommission online unter: http://europa.eu/rapid/press-release_IP-12-1353_de.htm; Zugriff am 03.06.2017

EUROPÄISCHE KOMMISSION (2013): Die Europäische Union erklärt Handel, Brüssel, 2013

Europäische Kommission (2014a): DIE EUROPÄISCHE UNION ERKLÄRT. Zoll. Letzte Aktualisierung: November 2014. In: Europäische Union online unter: http://europa.eu/european-union/file/1334/download_de?token=gtuUmoW1; Zugriff am 02.06.2017

EUROPÄISCHE KOMMISSION (2014b): Die Europäische Union erklärt Handel. Letzte Aktualisierung: November 2014. Brüssel. In: Stadt Augsburg online unter: www.europa.augsburg.de/fileadmin/europa/dat/pdf/Handel_Nov14.pdf; Zugriff am 28.06.2017

Europäische Kommission (2015): Handel für alle - Hin zu einer verantwortungsbewussteren Handels- und Investitionspolitik. In: Europäische Kommission online unter: http://trade.ec.europa.eu/doclib/docs/2015/october/tradoc_153880.PDF; Zugriff am 07.06.2017

EUROPÄISCHE KOMMISSION (2016a): Die Europäische Union erklärt Handel, Letzte Aktualisierung: Februar 2016, Brüssel, 2016

Europäische Kommission (2016b): Startschuss zu den Gesprächen zwischen der EU und Mexiko soll neuen Schwung in die Handels- und Investitionsbeziehungen bringen. Pressemitteilung IP/16/1852 vom 30. Mai 2016, In Europäische Union online unter: http://europa.eu/rapid/press-release_IP-16-1852_de.htm; Zugriff am 03.06.2017

EUROPÄISCHE KOMMISSION (2015): Handel für alle, Hin zu einer verantwortungsbewussteren Handels- und Investitionspolitik, Brüssel. In: Europäische Kommission online unter: http://trade.ec.europa.eu/doclib/html/153880.htm; Zugriff am 10.07.2017

EUROPÄISCHE KOMMISSION (2017a): Europäische Bürgerinitiative. In: Europäische Kommission online unter: http://ec.europa.eu/citizens-initiative/public/basic-facts; Zugriff am 07.06.2017

EUROPÄISCHE KOMMISSION (2017b): Pressemitteilung IP 17 443. Zehn Jahre europäische Solidarität durch den Europäischen Fonds für die Anpassung an die Globalisierung (EGF). In: European Commission Press Release Database online unter: http://europa.eu/rapid/press-release_IP-17-443_de.htm; Zugriff am 10.07.2017

EUROPÄISCHES PARLAMENT (2009a): Artikel 3 EUV (1). In: Europaparlament online unter: http://www.europarl.europa.eu/brussels/website/media/Basis/ Vertragsartikel/Pdf/ Art_3_EUV.pdf; Zugriff am 29.05.2017

EUROPÄISCHES PARLAMENT (2009b): Artikel 119 AEUV (1). In: Europaparlament online unter: http://www.europarl.europa.eu/brussels/website/media/Basis/Vertragsartikel/Pdf/Art_119_AEUV.pdf; Zugriff am 29.05.2017

EUROPÄISCHES PARLAMENT (2009c): GEMEINSAME HANDELSPOLITIK. Artikel 206 AEUV (1). In: Europaparlament online unter: http://www.europarl.europa.eu/brussels/website/media/Basis/Vertragsartikel/Pdf/Art_206_207_AEUV.pdf; Zugriff am 29.05.2017

EUROPÄISCHES PARLAMENT (2009d): Artikel 21 EUV (1). In: Europaparlament online unter: http://www.europarl.europa.eu/brussels/website/media/Basis/Vertragsartikel/Pdf/Art_21_EUV.pdf; Zugriff am 29.05.2017

EUROPÄISCHES PARLAMENT (2009e): Artikel 294 AEUV. In: Europaparlament online unter: http://www.europarl.europa.eu/brussels/website/media/Basis/ Vertragsartikel/Pdf/Art_294_AEUV.pdf; Zugriff am 07.06.2017

EUROPÄISCHES PARLAMENT (2009f): Artikel 2 EUV. In: Europaparlament online unter: http://www.europarl.europa.eu/brussels/website/media/Basis/Vertragsartikel/ Pdf/Art_2_EUV.pdf; Zugriff am 22.06.2017

EUROPÄISCHES PARLAMENT (2014): ANGENOMMENE TEXTE. P8_TA(2015)0252. Verhandlungen über die Transatlantische Handels- und Investitionspartnerschaft (TTIP). Entschließung des Europäischen Parlaments vom 8. Juli 2015 mit den Empfehlungen des Europäischen Parlaments an die Kommission zu den Verhandlungen über die Transatlantische Handels- und Investitionspartnerschaft (TTIP) (2014/2228(INI)), In: Europäisches Parlament online unter: http://www.europarl.europa.eu/sides/getDoc.do?pubRef=-//EP//TEXT+TA+P8-TA-2015-0252+0+DOC+XML+V0//DE; Zugriff am 19.06.2017

Europäisches Parlament (2016): Verfahren: 2015/2233(INI). Angenommene Texte. Empfehlungen an die Kommission zu den Verhandlungen über das Abkommen über den Handel mit Dienstleistungen (TiSA). In: Europaparlament online unter: http://www.europarl.europa.eu/sides/getDoc.do?pubRef=-//EP//TEXT+TA+P8-TA-2016-0041+0+DOC+XML+V0//DE; Zugriff am 08.06.2017

Europäischer Rat (2015a): Gemeinsame Erklärung, Gipfeltreffen EU-Mexiko vom 12. Juni 2015 in Brüssel. Pressemitteilung 443/15 vom 12. Juni 2015, In: Europäischer Rat online unter: http://www.consilium.europa.eu/de/press/press-releases/2015/06/12-eu-mexico-summit-final-statement/; Zugriff am 03.06.2017

EUROPÄISCHER RAT (2015b): Pressemitteilung 920/15. Verhandlungsmandat für Handelsgespräche EU-Kanada jetzt öffentlich. In: Europäischer Rat online unter: http://www.consilium.europa.eu/de/press/press-releases/2015/12/15-eu-canada-trade-negotiating-mandate-made-public/; Zugriff am 10.07.2017

European Round Table of Industrialists (2017): About ERT. In: ERT online unter: https://www.ert.eu/about-us; Zugriff am 07.06.2017

EUROSTAT (2017a): Statistics Explained. International trade in goods. In: Eurostat online unter: http://ec.europa.eu/eurostat/statisticsexplained/index.php/International_trade_in_goods; Zugriff am 02.06.2017

Eurostat (2017b): Statistics explained. Foreign direct investment statistics. In: Eurostat online unter: http://ec.europa.eu/eurostat/statistics-explained/index.php/ Foreign_direct_investment_statistics; Zugriff am 06.06.2017

EUROSTAT (2017c): Statistics Explained. Foreign direct investment statistic. In: Eurostat online unter: http://ec.europa.eu/eurostat/statistics-explained/index.php/ Foreign_direct_investment_statistics; Zugriff am 25.06.2017

EY (2017): Record foreign direct investment in Europe sparks job creation boom. In: News releases, 23.05.2017. Online unter: http://www.ey.com/gl/en/newsroom/news-releases/news-ey-record-foreign-direct-investment-in-europe-sparks-job-creation-boom; Zugriff am 25.06.2017

FLASSBECK, HEINER (2016): TTIP und die Idee vom Freihandel: Deutschland ist der größte Sünder. In: taz online unter: http://www.taz.de/TTIP-und-die-Idee-vom-Freihandel/!5292227/; Zugriff am 30.07.2017

FLASSBECK, HEINER (2017): Freihandel kann nur Handel ohne große Überschüsse und Defizite sein. In: Makroskop online unter: https://makroskop.eu/2017 /02/freihandel-kann-nur-handel-ohne-grosse-ueberschuesse-und-defizite-sein/; Zugriff am 30.06.2017

FOCUS MONEY (2013): Lohndumping bei Fleischern. Französische Schlachthäuser im Kampf gegen Deutschland. In: Focus Money online unter: http://www.focus. de/finanzen/news/arbeitsmarkt/lohndumping-bei-fleischern-franzoesische-schlachthaeuser-im-kampf-gegen-deutschland_aid_1136696.html; Zugriff am 24.06.2017

Fouré, Jean; Bénassy-Quéré, Agnès, Fontagné, Lionel (2012): „The Great Shift: Macroeconomic projections for the world economy at the 2050 horizon", CEPII Working Paper, Nr. 2012-3

FRITZ, THOMAS (2017): MENSCHENRECHTE ALS UNEINGELÖSTES VERSPRECHEN. Nachhaltigkeit, Arbeits- und Sozialstandards in EU-Handelsabkommen, In: Brot für die Welt online unter: https://info.brot-fuer-die-welt.de/sites/ default/files/blog-downloads/menschenrechte_als_versprechen.pdf; Zugriff am 26.06.2017

FROMAN, MICHAEL (2015): World Trade Organisation. We are at the end of the line on the Doha Round of trade talks. In: Financial Times online unter: https:// www.ft.com/content/4ccf5356-9eaa-11e5-8ce1-f6219b685d74; Zugriff am 05.01.2017

GERICHT DER EUROPÄISCHEN UNION (2017): PRESSEMITTEILUNG Nr. 49/17 Luxemburg, den 10. Mai 2017 Urteil in der Rechtssache T-754/14 Michael Efler u. a. / Kommission unter: https://curia.europa.eu/jcms/upload/docs/application/pdf/2017-05/cp170049de.pdf; Zugriff am 14.05.2017

GÖBEL, ALEXANDER (2015): Das Märchen vom fairen Handel Wie die EU Ghanas Geflügelwirtschaft zerstört. In: Deutschlandfunk online unter: http://www.deutschland funk.de/das-maerchen-vom-fairen-handel-wie-die-eu-ghanas.697.de.html?dram:article_id=339778; Zugriff am 25.06.2017

GREENPEACE (o. J.): TTIP LEAKS. In: Greenpeace online unter: https://ttip-leaks. org/ttip/; Zugriff am 25.06.2017

GREENPEACE (2017): Why we leaked hundreds of pages of a secret trade deal that threatens our rights and our planet. [Blogpost]. http://www.greenpeace.org/international /en/news/Blogs/makingwaves/leaked-secret-trade-documents-JEFTA-EU/blog/59718/; Zugriff am 26.06.2017

Hagelüken, Alexandra; Mühlauer, Alexander (2017): Japan und die EU. Handelspakt mit Japan könnte EU-Bürgern schaden – zugunsten von Konzernen. In: Süddeutsche online unter: http://www.sueddeutsche.de/wirtschaft/exklusiv-geheimpapiere-zeigen-eu-handelspakt-mit-japan-koennte-buergern-schaden-1.3557851; Zugriff am 26.06.2017

HANDELSBLATT (2015): HANDELSABKOMMEN. WTO schafft Zölle für über 200

Technologieprodukte ab. In: Handelsblatt online unter: http://www.handelsblatt.com /unternehmen/it-medien/handelsabkommen-wto-schafft-zoelle-fuer-ueber-200-technologieprodukte-ab/12100178.html; Zugriff am 24.05.2017

Handelszeitung (2017): Neues WTO-Abkommen soll Welthandel beflügeln. In: Handelszeitung online unter: http://www.handelszeitung.ch/konjunktur/neues-wto-abkommen-soll-welthandel-befluegeln-1347311; Zugriff am 29.06.2017

HEIN, WOLFGANG, STEINER SUSAN (2008): Informationen zur politischen Bildung Nr. 300/2008. Lateinamerika. Wirtschaft und soziale Lage. In: Bundeszentrale für politische Bildung online unter: http://www.bpb.de/izpb/8118/wirtschaft-und-soziale-lage?p=all; Zugriff am 24.07.2017

HINKLE LAWRENCE E., NEWFARMER RICHARD S. (2005): Risks and Rewards of Regional Trading Arrangements in Africa: Economic Partnership Agreements (EPAs) between the EU and SSA, o. O. In: Researchgate online unter: https://www. researchgate.net/publication/237451380_Risks_and_Rewards_of_Regional_Trading_Arrangements_in_Africa_Economic_Partnership_Agreements_EPAs_Between_the_EU_and_SSA; Zugriff am 07.05.2017

IG Metall (Hrsg.) (2016): Lange, Bernd/ Meine, Hartmut: Globale Arbeitsnormen als Bestandteil der TTIP-Verhandlungen. In: Bernd Lange online, 08.04.2016, unter: www.bernd-lange.de/imperia/md/content/ bezirkhannover/berndlange/2016/2016-04-08_pk_ttip_kernarbeitsnormen.pdf/2016-04-08_pk_ttip_kernarbeitsnormen.pdf; Zugriff am 01.06.2017

International Investment Law Centre Cologne (2017). German Investment Treaty Disputes. In: IILCC online unter: http://www.german-investment-treaty-disputes.de/de; Zugriff am 19.06.2017

INTERNATIONAL LABOUR ORGANISATION (o. J.a): Origins and history unter: http://www.ilo.org/ global/about-the-ilo/history/lang--en/index.htm; Zugriff am 23.05.2017

INTERNATIONAL LABOUR ORGANISATION (o. J.b): VERFASSUNG der Internationalen Arbeitsorganisation und Geschäftsordnung der Internationalen Arbeitskonferenz, INTERNATIONALES ARBEITSAMT, GENF, 2003. Online unter: http://www.ilo.org/wcmsp5/groups/public/---europe/---ro-geneva/---ilo-berlin/documents/ genericdocument/wcms_193725.pdf; Zugriff am 07.06.2017

INTERNATIONAL LABOUR ORGANISATION (o. J.c): Ziele und Aufgaben. Verbesserung der Arbeits- und Lebensbedingungen aller Menschen. Online unter:

http://www.ilo.org/berlin/ziele-aufgaben/lang--de/index.htm; Zugriff am 07.06.2017

INTERNATIONAL LABOUR ORGANISATION (o. J.d): Ratifications of ILO conventions: Ratifications for Canada. Online unter: http://www.ilo.org/dyn/normlex/en/f?p=1000:11200:0::NO:11200:P11200_COUNTRY_ID: 102582; Zugriff am 07.06.2017

INTERNATIONAL LABOUR ORGANISATION (o. J.e): Rolle Deutschlands in der ILO. In: ILO online unter: http://www.ilo.org/berlin/ILO-und-Deutschland/rolle/lang--de/ index.htm; Zugriff am 19.06.2017

iXPOS. Das Aussenwirtschaftsportal (2017): Export von Dienstleistungen. In: iXPOS online unter: http://www.ixpos.de/IXPOS/Navigation/DE/Ihr-geschaeft-im-ausland/ Markteintritt/export-von-dienstleistungen.html; Zugriff am 28.06.2017

Kampagne "Bergwerk Peru – Reichtum geht, Armut bleibt" (2017). Hintergrund. Online unter: http://www.kampagne-bergwerk-peru.de/; Zugriff am 04.06.2017

Kaczmarczyk, Patrick (2017a): Adam Smith und der Freihandel. In: Makroskop online unter: https://makroskop.eu/2017/06/adam-smith-und-der-freihandel/; Zugriff am 30.07.2017

Kaczmarczyk, Patrick (2017b): Wachstum durch Freihandel – Ein Mythos. In: Makroskop online unter: https://makroskop.eu/2017/02/wachstum-durch-freihandel-ein-mythos/; Zugriff am

Kelsey, Jane (2015): TISA: THE LEAKED 'CORE TEXT'. In: WikiLeaks online unter: https://wikileaks.org/tisa/analysis/Analysis-of-20150424_Core-Text/; Zugriff am 26.06.2017

Keynes, Maynard John (1933): "National Self-Sufficiency," In: *The Yale Review*, Vol. 22, no. 4 (June 1933), pp. 755-769, unter: https://www.mtholyoke.edu/ acad/ intrel/interwar/keynes.htm; Zugriff am 19.06.2017

Kozlowski, Tomasz (2015): The impact of the EU-Korea FTA after 3 years: A win-win story. In: In: AKH Korea online unter: http://korea.ahk.de/news/single-view/ artikel/kgcci-new-publication-korum-no-56/?cHash=a6e146acea912a632 b918c14a849d9c5; Zugriff am 19.06.2017

LEE, Chang woo (2015): Lessons from the Korea-EU FTA. In: AKH Korea online unter: http://korea.ahk.de/news/single-view/artikel/kgcci-new-publication-korum-no-56/?cHash =a6e146acea912a632b918c14a849d9c5; Zugriff am 19.06.2017

KORT, KATHARINA (2014): Chinesen in Italien. Wie Prato gegen das Image der Sklavenstätte kämpft. In: Handelsblatt online unter: http://www.handelsblatt.com/politik/ international/chinesen-in-italien-wie-prato-gegen-das-image-der-sklavenstaette-kaempft/11059172.html; Zugriff am 26.06.2017

LONDON, SCOTT (2015): In the Footsteps of Gandhi: An Interview with Vandana Shiva by Scott London. In: DR VANDANA SHIVA online, unter http://vandanashiva. com/?p=188; Zugriff am 22.05.2017

LUDWIG, Thomas (2010): Abkommen: Maschinenbauer fiebern Freihandel mit Korea entgegen. In: Handelsblatt online unter: http://www.handelsblatt.com/politik/internatio nal/abkommen-maschinenbauer-fiebern-freihandel-mit-korea-entgegen/3540 800.html; Zugriff am 03.06.2017

Mast-Kirschning, Ulrike (2008): Arbeitssklaven als Preis der Globalisierung? In: Deutsche Welle online unter: http://www.dw.com/de/arbeitssklaven-als-preis-der-globalisierung/a-3822593; Zugriff am 26.06.2017

MCLEOD, PAUL (2015): In: the Chronicle Herald online unter: http://thechronicle herald.ca/novascotia/1275735-bilcon-seeks-us300m-after-win-in-quarry-dispute; Zugriff am 19.06.2017

Mühlbauer, Peter (2015): Internationales Schiedsgericht als Ersatz-Goldmine. In: heise online unter: http://www.heise.de/-3373083; Zugriff am 19.06.2017

NEUERER, Dietmar (2015): ATOMAUSSTIEG. Vattenfall-Klage kostet Deutschland schon jetzt Millionen. In. Handelsblatt online unter: http://www.handelsblatt. com/politik/deutschland/atomausstieg-vattenfall-klage-kostet-deutschland-schon-jetzt-millionen/11494704.html; Zugriff am 19.06.2017

N-TV (2013): Nur jeder fünfte Wagen noch "deutsch". VW verlagert Jobs nach China. In: n-tv online unter: http://www.n-tv.de/wirtschaft/VW-verlagert-Jobs-nach-China-article10387511.html; Zugriff am 26.06.2017

Official Journal of the European Communities (2000): Economic Partnership, Political Coordination and Cooperation Agreement between the European Community and its Member States, of the one part, and the United Mexican States, of the other part. In: EUR-Lex online unter: http://eur-lex.europa.eu/resource.html? uri=cellar:f95ad1a3-795e-4fb0-84e1-28351b99415c.0004.02/DOC_2&format=PDF; Zugriff am 03.06.2017

OHOVEN, Mario (2015) im Interview mit Petra Pinzler, in: Zeit online unter: http://www. zeit.de/wirtschaft/2015-03/ttip-bedenken-mittelstaendische-unternehmen -interview-mario-ohoven; Zugriff am 07.06.2017

Plickert, Philip (2008): Doha-Runde Streit nach Abbruch der Welthandelsgespräche. In: Frankfurter Allgemeine online unter: http://www.faz.net/ aktuell/wirtschaft/wirtschaftspolitik/doha-runde-streit-nach-abbruch-der-welthandelsgespraeche-1664680.html; Zugriff am 01.06.2017

Podkaminer, Leon (2017): Internationaler Handel: Kein Treiber für globales Wirtschaftswachstum. In: Makroskop online unter: https://makroskop.eu/2017/03/internationaler-handel-kein-treiber-fuer-globales-wirtschaftswachstum/; Zugriff am 30.07.2017

Presseinformation REPORT MAINZ (2014): Afrika-Beauftragter der Bundeskanzlerin kritisiert Freihandelsabkommen der EU mit Afrika (EPA), Mainz. In: SWR online unter: www.swr.de/-/id=14466678/property=download/nid=233454/ 130coqk/index.pdf; Zugriff am 27.04.2017.

Produktion.de (2015): Deutscher Maschinenbau verlagert Entwicklungs-Kapazitäten nach Asien. In: Produktion.de online unter: https://www.produktion.de/ nachrichten/ unternehmen-maerkte/deutscher-maschinenbau-verlagert-entwicklungs-kapazitaeten-nach-asien-298.html, Zugriff am 26.06.2017

Pur Plant Oil (2013): FAQ. In: Purplantoil online unter: http://www.pureplantoil.org/index.php/faq; Zugriff am 24.07.2017

RENICC et al. (Hrsg.) (2015): Observatorio Regional a TLCs y Responsabilidad Empresarial en Centroamérica, Diciembre 2015. In: Researchgate online unter: https://www.researchgate.net/publication/290195782_Informe_Regional_Centroamericano_2015_Soberania_alimentaria_Inversion_y_Empleo_Mineria_y_Medioambiente_en_el_contexto_del_DR-CAFTA_y_el_Tratado_de_Asociacion_con_la_UE_AdA?enrichId=rgreq-e16f631d20b390847d247a9dd8c24a52-XXX&enrichSource=Y292ZXJQYWdlO zI5MDE5NTc4MjtBUzozMTcyMTMzNjg2MTkwMDhAMTQ1MjY0MDk2OD Q2MQ%3D%3D&el=1_x_2&_esc=publicationCoverPdf; Zugriff am 31.05.2017

Rettet den Regenwald e. V. (o. J.): Petition: Nicht für Aluminium ausrotten! In: Rettet den Regenwald e.V. online unter: https://www.regenwald.org/petitionen/1062 /nicht-fuer-aluminium-ausrotten; Zugriff am 20.06.2017

Rettet den Regenwald e. V. (2015): „Sie verbrennen die Zukunft unserer Kinder!" Waldbrände in Indonesien bedrohen Menschen, Tiere und Regenwälder. Pressemitteilung, 18.09.2015. Online unter: https://www.regenwald.org/ pressemitteilungen/6731/sie-verbrennen-die-zukunft-unserer-kinder-waldbraende-in-indonesien-bedrohen-menschen-tiere-und-regenwaelder; Zugriff am 24.06.2017

RICARDO, DAVID (1817): On The Principles Of Political Economy And Taxation. Third edition 1821. Batoche Books, Kitchener, 2001. In: McMaster University online unter: socserv.mcmaster.ca/econ/ugcm/3ll3/ricardo/Principles.pdf; Zugriff am 23.06.2017

Sabathil, Gerhard Prof. Dr. (2016): Five years of the EU-Korea free trade agreement: Good results encourage further progress. In: AKH Korea online unter: http://korea.ahk. de/news/single-view/artikel/kgcci-new-publication-korum-no-64/?cHash=dcefb0738f612 50f1ad4dc2a94b98181; Zugriff am 06.06.2017

SCHÖLLMANN, WILHELM (2015): Wissenschaftlicher Dienst des Europäischen Parlaments. Die wirtschaftliche Bedeutung des Handels mit Dienstleistungen. In: Europaparlament online unter: http://www.europarl.europa.eu/RegData/etudes/IDAN/2015/549000/EPRS_IDA(2015)549000_DE.pdf; Zugriff am 06.06.2017

Schorsch, Andrea (2012): Frage & Antwort, Nr. 236. Wie ökologisch sind Kaffeekapseln? In: n-tv online unter: http://www.n-tv.de/wissen/frageantwort/Wie-oekologisch-sind-Kaffeekapseln-article6897886.html; Zugriff am 20.06.2017

Shannon, Peter (2005). Drittes Fachgespräch zur UNESCO-Konvention zum Schutz kultureller Vielfalt, Konsultation für die bundesweite Koalition zur kulturellen Vielfalt, Rede von Peter Shannon. Illegal Quota Systems, Free Trade Agreements and the New Zealand Experience. In: Deutsche UNESCO-Kommission e.V. online unter: https://www.unesco.de/fileadmin/medien/Dokumente/Kultur/kkv/kkv3_rede_shannon.pdf; Zugriff am 21.05.2017

Shiva, Vandana (2015) im Interview mit Scott London: In the Footsteps of Gandhi: An Interview with Vandana Shiva. In: DR VANDANA SHIVA online, unter: http:// vandanashiva. com/?p=188; Zugriff am 22.05.2017

SHIVA, VANDANA (2016): The Standardised Dictatorship (Original). In: DR VANDANA SHIVA online, unter: http://vandanashiva.com/?p=441; Zugriff am 22.05.2017

Siemens (2015): Gegenanträge und Wahlvorschläge zur ordentlichen Hauptversammlung 2015 der Siemens AG am 27. Januar 2015. In: Siemens online unter: http://www.siemens.com/investor/pool/de/investor_relations/events/hauptversammlung/2015/Gegenantraege_de_20150113.pdf; Zugriff am 19.06.2017

SINCLAIR, SCOTT (2015): NAFTA Chapter 11 Investor-State Disputes to January 1, 2015, Ottawa. In: Canadian Centre for Policy Alternatives online unter: https://www. policyalternatives.ca/publications/reports/nafta-chapter-11-investor-state-disputes-january-1-2015; Zugriff am 28.06.2017

Siren, Frank (2016): SIERENS WELT. China macht Albanien fit für die EU. In: Handelsblatt online unter: http://www.handelsblatt.com/politik/international/sierens-welt/sierens-welt-china-macht-albanien-fit-fuer-die-eu/19167026.html; Zugriff am 22.12.2016

SOUTH CENTER (2012a): Analytical Note SC/TDP/AN/EPA/29, ECONOMIC PARTNERSHIP AGREEMENTS IN AFRICA: A BENEFIT-COST ANALYSIS, Genf. In: The South Center online unter: https://www.southcentre.int/wp-content/uploads/2013/08/AN_EPA29_Economic-Partnership-Agreements-in-Africa_EN.pdf; Zugriff am 28.06.2017

SOUTH CENTER (2012b): Analytical Note, THE EPAS AND RISKS FOR AFRICA: LOCAL PRODUCTION AND REGIONAL TRADE, Genf. In: The South Center online unter: https://www.southcentre.int/wp-content/uploads/2013/08/AN_EPA30_The-EPA-and-Risks-for-Africa_EN.pdf; Zugriff am 28.06.2017

South Center (2013): Analytical Note, October 2013, Ratification of the Economic Partnership Agreement: The Case of Cameroon, Genf. In: The South Center online unter: https:// www.southcentre.int/analytical-note-october-2013/; Zugriff am 03.06.2017

South Center (2014): South Unity, South Progress, Africa's acute problems with the EPAs, Genf. In: The South Center online unter: https://www.southcentre.int/ question/africas-acute-problems-with-the-epas/; Zugriff am 18.07.2017

STEVENS, CHRISTOPHER et al. (2008): The new EPAs: comparative analysis of their content and the challenges for 2008, London. In: ODI online unter: www.odi.org.uk/iedg /Projects/0708010_The_new_EPAs.html; Zugriff am 28.06.2017

Stoll, Peter-Tobias, Douma, Wybe TH., de Sadeleer, Nicolas, Abel, Patrick (2016): CETA, TTIP und das europäische Vorsorgeprinzip: Eine Untersuchung zu den Regelungen zu sanitären und phytosanitären Maßnahmen, technischen Handelshemmnissen und der regulatorischen Kooperation in dem CETA-Abkommen und nach den EU-Vorschlägen für TTIP. In: foodwatch online unter: http://www.foodwatch.org/uploads/media/2016-06-21-_Studie_Vorsorgeprinzip_TTIP_CETA_01.pdf; Zugriff am 27.06.2017

STOP-TTIP (o. J.): Pressemitteilung, Europäische Kommission will Bürgereinfluss bei TTIP und CETA ausschalten unter: https://stop-ttip.org/europaeische-kommission-will-buergereinfluss-bei-ttip-und-ceta-ausschalten/; Zugriff am 14.05.2017

SÜDDEUTSCHE (2013): TV-Hersteller verlagert Produktion Loewe, made in Asia; In: Süddeutsche online unter: http://www.sueddeutsche.de/wirtschaft/tv-hersteller-verlagert-produktion-loewe-made-in-asia-1.1726776; Zugriff am 26.06.2017

SÜDDEUTSCHE (2014): Durchbruch in Genf. WTO nimmt erstes globales Handelsabkommen an. In: Süddeutsche Online unter: http://www.sueddeutsche.de/ wirtschaft/durchbruch-in-genf-wto-nimmt-erstes-globales-handelsabkommen-an-1.2242489; Zugriff am 24.05.2017

TANDON, YASH (2015): Trade is war publication is now available unter: http://yashtandon.com/trade-is-war-publication-is-now-available/; Zugriff am 07.04.2017

TANDON, YASH (2016): Handel ist Krieg. Nur eine neue Wirtschaftsordnung kann die Flüchtlingsströme stoppen, Köln, 2016

Tarabochia, López Milton (2015): Amazonas-Reporter. Palmöl bedroht Perus Klimaschutz. In: Infostelle Peru online unter: http://www.infostelle-peru.de/web/ amazonas-reporter-palmoel-bedroht-perus-klimaschutz/; Zugriff am 05.06.2017

TAZ. Die Tageszeitung (2014): Kosten des Atomausstiegs. Vattenfall will 4,7 Milliarden Euro. In: taz online unter: http://www.taz.de/!5030956/; Zugriff am 19.06.2017

The Group of 77 at the United Nations (o. J.): About the Group of 77 unter: http:// www.g77.org/doc/; Zugriff am 23.05.2017

UNITED NATIONS (1987): Report of the World Commission on Environment and Development. Our Common Future. In: United Nation online unter: www.un-documents.net/our-common-future.pdf; Zugriff am 28.06.2017

UNITED NATIONS (2016), TD/B/INF.235, United Nations Conference on Trade and Development, Membership of UNCTAD and membership of the Trade and Development Board unter: http://unctad.org/meetings/en/SessionalDocuments/ tdbinf235_en.pdf; Zugriff am 23.05.2017

UNITED NATIONS CONFERENCE ON TRADE AND DEVELOPMENT (o. J.): ABOUT UNCTAD unter: http://unctad.org/en/Pages/AboutUs.aspx; Zugriff am 13.04.2017

UNITED NATIONS CONFERENCE ON TRADE AND DEVELOPMENT (2006): UNCTAD: A BRIEF HISTORICAL OVERVIEW unter: http://unctad.org/en/docs/ gds20061_en.pdf; Zugriff am 23.05.2017

UNITED NATIONS CONFERENCE ON TRADE AND DEVELOPMENT (2013): International Investment Agreements Navigator. In: UNCTAD online unter: http:// investmentpolicyhub.unctad.org/IIA; Zugriff am 19.06.2017

UNITED NATIONS CONFERENCE ON TRADE AND DEVELOPMENT (2016): IIA Issues Note No.2 June 2016. In: UNCTAD online unter: http://unctad.org/en/pages/ publications/Intl-Investment-Agreements---Issues-Note.aspx; Zugriff am 19.06.2017

VASTINE, ROBERT J. (2012): A New Form of Services Trade Agreement Moving Ahead in Geneva: "The International Services Agreement". In: Georgetown University online unter: http://cbpp.georgetown.edu/sites/cbpp.georgetown.edu/files/Vastine-new-form-services-trade-agreement-moving-ahead-genega-11412_0.pdf; Zugriff am 28.06.2017

vONTOBEL, WERNER (2015): Wein aus Portugal, Tuch aus England, Fleisch aus Deutschland – Was uns die Fleischindustrie über die Ökonomie lehrt. In: Makroskop online unter: https://makroskop.eu/2015/10/wein-aus-portugal-tuch-aus-england-fleisch-aus-deutschland-was-uns-die-fleischindustrie-ueber-die-oekonomie-lehrt/; ugriff am 24.06.2017

WEHR, ANDREAS (2016): Großmacht Europa. Über Ideologie und Politik eines imperialistischen Projekts – und über Auswege. In: Andreas Wehr online unter: http://www.andreas-wehr.eu/grossmacht-europa-ueber-ideologie-und-politik-eines-imperialistischen-projekts-und-ueber-auswege.html; Zugriff am 26.06.2017

Weisbrot, Mark; Lefebvre, Stephan; Sammut, Joseph (2014): Did NAFTA Help Mexico? An Assessment After 20 Years, Washington, Center for Economic and Policy Research. In: CEPR online unter: http://cepr.net/documents/nafta-20-years-2014-02.pdf; Zugriff am 07.06.2017

WELT (2012): Nokia verlagert Smartphone-Produktion nach Asien. In: Welt online unter: https://www.welt.de/newsticker/dpa_nt/infoline_nt/wirtschaft_nt/article_105964660_/Nokia-verlagert-Smartphone-Produktion-nach-Asien.html; Zugriff am 26.06.2017

Welt (2017): Italien. Supermarktkette Coop verkauft kein Nutella mehr. In: Welt online unter: https://www.welt.de/wirtschaft/article161165870/Wie-schaedlich-ist-das-Palmoel-in-Nutella.html; Zugriff am 20.06.2017

World Trade Organisation (o. J.a): UNDERSTANDING THE WTO: BASICS, The GATT years: from Havana to Marrakesh unter: https://www.wto.org/english/_thewto_e/whatis_e/tif_e/fact4_e.htm; Zugriff am 23.05.2017

World Trade Organisation (o. J.b): UNDERSTANDING THE WTO: THE ORGANIZATION. Members and Observers unter: https://www.wto.org/english/thewto_e/whatis_e/tif_e/org6_e.htm; Zugriff am 15.04.2017

World Trade Organisation (o. J.c): CANCÚN WTO MINISTERIAL 2003: BRIEFING NOTES SPECIAL AND DIFFERENTIAL TREATMENT, Grappling with 88 proposals, In: WTO online unter: https://www.wto.org/english/thewto_e/minist_e/min03_e/brief_e/brief21_e.htm; Zugriff am 29.05.2017

World Trade Organisation (o. J.d): LEGAL TEXTS: Differential and more favourable treatment reciprocity and fuller participation of developing countries. In: WTO online unter: https://www.wto.org/english/docs_e/legal_e/enabling1979_e.htm; Zugriff am 29.05.2017

World Trade Organisation (o. J.e): Trade topics. SAFEGUARD MEASURES: TECHNICAL INFORMATION. Technical Information on Safeguard Measures. In: WTO online unter: https://www.wto.org/english/tratop_e/safeg_e/ safeg_info_e.htm; Zugriff am 02.06.2017

World Trade Organisation (1999): THE TEXT OF THE GENERAL AGREEMENT ON TARIFFS AND TRADE, GATT, Genf, 1986 unter: https:// www.wto.org/english/docs_e/legal_e/gatt47_e.pdf; Zugriff am 23.05.2017

World Trade Organisation (2006): WTO: 2006 News items - Trade Negotiations Committee - 27 July 2006. "It's time for serious thinking on what's at stake here" — Lamy. In: WTO online unter: https://www.wto.org/english/news_e/news06_e/tnc_chair_report_27july06_e.htm; Zugriff am 01.06.2017

World Trade Organisation (2016a): WTO: 2016 NEWS ITEMS, 29 June 2016, ACCESSIONS, Afghanistan to become 164th WTO member on 29 July 2016 unter: https://www.wto.org/english/news_e/news16_e/acc_afg_29jun16_e.htm; Zugriff am 15.04.2017

World Trade Organisation (2016b): WTO: 2016 NEWS ITEMS. REGIONAL TRADE AGREEMENTS. WTO members reach milestone on regional trade agreements. In: WTO online unter: https://www.wto.org/english/news_e/news16_e/ rta_02jun16_e.htm; Zugriff am 24.05.2017

World Trade Organisation (2017): List of all RTAs in force, by country/territory. In: WTO online unter: http://rtais.wto.org/UI/publicPreDefRepBy Country .aspx; Zugriff am 02.06.2017

YU, ROGER (2017): What NAFTA talks could mean for U.S. consumers and business. In: USA TODAY online unter: https://www.usatoday.com/story/money/ 2017/05/18/ what-nafta-talks-could-mean-us-consumers-and-business/101517516/; Zugriff am 18.05.2017

ZAHRNT, VALENTIN (2010): Zölle. In: Reform The Cap. Online unter: http://reformthe cap.eu/de/themen/massnahmen/zoelle; Zugriff am 29.05.2017

Zweig, Stefan (1941): Brasilien Ein Land der Zukunft. Suhkamp (Hsg.), 1. Auflage, 1984. In: Gutenberg-Projekt online, http://gutenberg.spiegel.de/buch/brasilien-6853/4; Zugriff am 12.04.2017

www.ingramcontent.com/pod-product-compliance
Lightning Source LLC
La Vergne TN
LVHW102231300926
849160LV00006B/95